当苏东坡遇见门捷列夫

张培华 编著

U0314487

化学工业出版社
·北京·

图书在版编目（CIP）数据

当苏东坡遇见门捷列夫 / 张培华编著 . —北京：化学
工业出版社，2024.6
ISBN 978-7-122-45211-5

Ⅰ.①当… Ⅱ.①张… Ⅲ.①科学知识 – 青少年读物
Ⅳ.① Z228.2

中国国家版本馆 CIP 数据核字（2024）第 051552 号

责任编辑：龚　娟　肖　冉　　　　　装帧设计：王　婧
责任校对：李　爽　　　　　　　　　　插　画：胡义翔

出版发行：化学工业出版社（北京市东城区青年湖南街 13 号　邮政编码 100011）
印　　　装：盛大（天津）印刷有限公司
710mm×1000mm　1/16　印张 10½　字数 100 千字
2024 年 8 月北京第 1 版第 1 次印刷

购书咨询：010-64518888
售后服务：010-64518899
网　　址：http://www.cip.com.cn
凡购买本书，如有缺损质量问题，本社销售中心负责调换。

定　　价：68.00 元

　　中国古诗词中有很多精彩的语句，为我们展现出一幅幅栩栩如生的画面：壮美的山河、四季的风景、田间的生活，以及作者对人生、对世界的思考和感悟。许多诗词佳句不仅韵律美，而且还饱含情感、想象，富有哲理，值得我们反复诵读。

　　在学习和诵读古诗词的过程中，除了感受诗词的美妙以外，那些爱思考的同学，可能还会提出很多有趣的科学问题。

　　比如唐代诗人张继在《枫桥夜泊》中写道："姑苏城外寒山寺，夜半钟声到客船。"对此，有的同学就会好奇：远处寒山寺里的钟声，是如何传到江面上的客船呢？声音究竟是如何在空气中传播的呢？当你了解了声音的传播原理后，就能理解这种现象了。

再比如南宋诗人陆游在《村居书喜》中写道："花气袭人知骤暖，鹊声穿树喜新晴。"有的同学读到这里可能会问：为什么花的香味会和天气变暖有关呢？可能令你感到意外的是，出现这一现象的背后，其实和物理学中的分子热运动有着密不可分的关系。

古代诗人和词人通过细致入微的观察，对自然现象或事件进行了生动描写，这让我们在感受诗词艺术之美的同时，也会深入地思考：为什么会有这些现象的出现？诗词中所描绘的场景是如何形成的？……

除了此书，我们还有《当杜甫遇见爱因斯坦》《当李白遇见伽利略》《当白居易遇见达尔文》，共四册，旨在将经典诗词中所描写的具有代表性的现象、场景或事件，用现代科学的方式进行分析和解读，并按照物理、化学、生物、天文等学科进行划分，帮助同学们由浅入深地了解这些基础学科，并掌握相关的一些基础知识。

这套书还有一个有趣的部分值得同学们阅读，那就是历史上伟大科学家们探索科学的经历。你会发现，这些科学家背后的成功故事是那样精彩。你会在阅读李白的诗句时"遇见"伽利略，会在阅读杜甫诗句时"遇见"爱因斯坦……

目 录

4 千锤万凿出深山，烈火焚烧若等闲
——什么是化学反应？ / 69

⑤ 投泥泼水愈光明，烁玉流金见精悍
——碳和炭是同一种物质吗？ / 93

① 烟笼寒水月笼沙，夜泊秦淮近酒家
——烟和雾是同一种物质吗？

"烟笼寒水月笼沙，夜泊秦淮近酒家。"这句诗出自唐代杜牧《泊秦淮》，全诗为：

烟笼寒水月笼沙，夜泊秦淮近酒家。

商女不知亡国恨，隔江犹唱后庭花。

诗词赏析

译文：迷离的月色和烟雾笼罩着寒水白沙，夜晚船只停泊在秦淮河岸的酒家边上。卖唱的歌女不知道什么是亡国之恨，隔着江水仍在高唱着《玉树后庭花》。

这首诗是诗人杜牧在夜泊秦淮河时触景感怀的作品，前半段描写了歌舞升平的秦淮夜景，后半段抒发了自己忧国忧民的感慨。

【注】"后庭花"是歌曲《玉树后庭花》的简称。此歌为南朝皇帝陈叔宝（即陈后主）所作。因其终日沉溺于声色，不理朝政，最终亡国。后人便把这首歌曲作为亡国之音的代表。

杜牧

杜牧（803—853），字牧之，号樊川居士。唐京兆万年（今陕西西安）人。唐代文学家。大和进士，历任监察御史，黄、池、睦诸州刺史，后为司勋员外郎，官终中书舍人。杜牧性格刚直，不拘小节，不喜欢逢迎。杜牧的诗作明丽隽永，绝句诗尤受人称赞，著有《樊川文集》。

诗词中的哲理

六朝古都金陵（今南京）的秦淮河两岸历来是达官贵人们享乐游宴的场所，杜牧夜泊于此，看到了达官贵人们在此过着灯红酒绿

的生活，想到国家正日渐衰落，便感慨万千，写下了这首《泊秦淮》。从诗中，我们可以看到杜牧对国家命运的忧虑。

俗话说"生于忧患，死于安乐"。历史告诉我们，凡是贪图享乐的君主，其统治的国家和政权必将会走向衰落甚至灭亡。同样，如果我们每个人也是习惯于安乐，缺乏忧患意识，把时间浪费在毫无意义的事情上，自己终难取得进步。

诗句"烟笼寒水月笼沙"描绘出烟雾弥漫在寒冷的河水之上的景象，颇有意境，给人以栩栩如生的画面感。但不知道同学们有没有想过，烟和雾是同一种物质吗？

如果烟和雾本身是两种物质，那么杜牧在秦淮河边上看到的，究竟是烟还是雾呢？

烟和雾是同一种物质吗？

生活中，我们有时候会看到冒着白烟的烟囱，也会见到山峰间、江面上飘着白雾，那么这里就有一个问题，这些白色的烟和雾都是同一种物质吗？

其实，通常来说烟和雾并不是同样的物质：烟是悬浮在空中的微小固体颗粒物，而雾是水蒸气液化所形成的微小水滴。从物质形态来说，烟是固体，雾是液体。那烟和雾又是如何形成的呢？

我们先来说一下常见的烟。在一些农村地区，很多家庭都会用柴火生火做饭，我们远远望去，会看到白烟从烟囱中袅袅升起，也

就是人们常说的炊烟。

　　一般生火的柴火是用树枝、树皮、玉米的秸秆等，但是这些物质在燃烧时，并不会像我们日常使用的天然气燃烧得那样充分，而会因为不完全燃烧，产生很多细小的炭和碳化物颗粒，从而形成了烟或烟尘。

　　除了烟以外，柴火在燃烧过程中还会产生一氧化碳、二氧化硫等对身体有害的气体，以及水受热而蒸发产生的水蒸气。

　　由于空气受热密度变小，所以会形成向上的气流，带着固体颗粒往上飘。到了空中，热空气中的水蒸气遇冷凝结形成小水滴，就形成了我们看到的烟雾。也就是说，炊烟既有燃烧所产生的固体颗粒物，也有水蒸气受冷形成的雾气，所以称之为"烟雾"是比较准确的。

　　我们可以看到，炊烟是柴火在燃烧过程中发生了化学变化，再经过一系列物理变化而形成的。

而雾与烟则完全不同，一般情况下雾是空气中的水蒸气遇冷凝结成小水滴或冰晶所形成的。

比如在寒冷的早上，湖面或江面上很容易看到雾气弥漫，这是因为江、湖里的水蒸气上升到空中，遇冷变成了小水滴，这是一种液化现象。但随着空气温度上升，雾气便可能会消散。

所以，烟和雾是两种截然不同的物质，也是形态不同的物质。

那么"烟笼寒水月笼沙"里的"烟"，到底是烟还是雾呢？同学们可以根据我们前面讲述的知识来自己分析一下。

人类对于物质的研究

我们生活的世界是由物质组成的，小到一粒尘，大到一座楼宇。既有看得见的物质，也有看不见的物质；既有如水一样的液体，也有如铁一样的固体。自古以来，人类对于组成这个世界的物质，一直不断地进行着思考和研究，就像"烟笼寒水月笼沙"中提到的烟、水、沙，这些物质究竟是由什么组成的呢？

早在公元前 5 世纪，我国古人就提出了五行学说，认为宇宙间构成物质的五种元素分别是"水、火、木、金、土"。可以说这是一种朴素的唯物主义思想，对我国古代的天文、历数、医学、农学等科学的发展起了一定的推动作用，对于后世也有着深远的影响。

而几乎在相同的时代，古希腊哲学家们也在思考类似的问题：世界是由什么组成的？其中对后人影响最大的，莫过于德谟克利特和亚里士多德的理论。

德谟克利特发展了自己老师留基伯的原子论，他认为宇宙空间中除了原子和虚空之外，什么都没有。原子一直存在于宇宙之中，它们不会从无中创生，也不能被消灭，它们的任何变化都只是结合和分离。

当然，德谟克利特的原子论和现代科学所讲到的原子、分子是截然不同的，他的理论更多的是一种哲学思想，但对后人的影响很大。

而古希腊知名的哲学家、教育家亚里士多德，则成功地发展了先贤恩培多克勒的"四元素说"。根据"四元素说"，世界上的物质由"水、气、火、土"这四种元素组成，并且这四种元素在一定条件下还可以相互转化。亚里士多德不仅把"四元素说"发展成为一种自圆其说的体系，还能够有效地支撑"地心说"（宇宙以地球为中心）的理论，得到了当时宗教的支持，并被视为真理，进而影响了人类长达上千年的时间。

遇见科学家：波义耳

随着人类科学技术水平的发展，特别是化学研究的开始，人们对客观世界物质的了解，进入了新的阶段，其中首先要讲到的一位科学家，就是英国著名的化学家罗伯特·波义耳（1627—1691）。

London

据历史记载，波义耳出生在爱尔兰的一个贵族家庭，是14个兄弟姐妹中最小的一个，优裕的家庭环境为波义耳提供了良好的学习条件，并对他日后进行科学研究提供了帮助。

很多人觉得科学家应该从小就展现出过人的天资，但其实并不一定是这样。童年时，波义耳表现得并不是非常聪明，而且体弱多病，说话还有口吃。不过，波义耳和他的兄长们有个很大的不同，那就是他从小就很安静，而且酷爱读书，经常书不离手。

8岁的时候，波义耳的父亲把他送到了伦敦郊区颇为著名的伊顿公学，这是一所为贵族子弟建立的寄宿学校。波义耳在这里学习

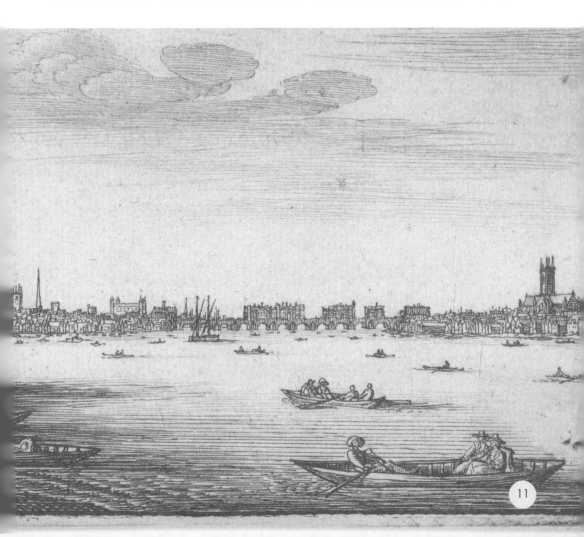

了三年。随后，他和哥哥在家庭教师的陪同下，来到当时欧洲教育水平最高的瑞士日内瓦，并在那里学习了数学、法语和艺术等课程。

1641年，14岁的波义耳和哥哥开始游历欧洲。在旅途中，即使骑在马背上他依然是手不离书。到了意大利，他仔细阅读了大科学家伽利略的名著《关于两大世界体系的对话》，并由此对伽利略的理论及自然科学产生了极大的兴趣。

不过在17岁时，波义耳的父亲在战役中阵亡，他的家庭遇到了困难，波义耳又回到了英国，并生活在伦敦。在伦敦时，他结识了教育家哈特·利伯，利伯鼓励他学习医学。

波义耳小时候曾经因为医生开错了药而险些丧命，这让他对医生和药物产生了畏惧，从那次经历后，波义耳曾自修过医学。所以利伯的建议让波义耳下定了决心，开始研究医学。而在当时，医生都是自己配制药物，并且需要动手做实验，这为波义耳的化学研究奠定了基础。

在研究医学的过程中，波义耳翻阅了医药化学家的许多著作，并给自己创建了一个实验室，整日沉浸于实验之中，直到1691年底逝世。

波义耳在科学研究上的兴趣是多方面的。他曾研究过气体物理学、气象学、热学、光学、化学等，其中成就突出的主要是化学。

在波义耳之前，人们对于物质组成的思想，还停留在古希腊时期留下的"原子论"和"四元素说"上，而波义耳则根据自己的实践和对众多资料的研究，主张通过专门的实验来收集和总结观察到的事实，这恰恰是化学研究和实验的核心思想。

1661 年，在著作《怀疑派化学家》中，波义耳写道："化学到目前为止，还被认为只在制造医药和工业品方面具有价值。但是，我们所学的化学，绝不是医学或药学的婢女，也不应甘当工艺和冶金的奴仆。化学本身作为自然科学中的一部分，是探索宇宙奥秘的一个方面。化学，必须是为真理而追求真理的化学。"

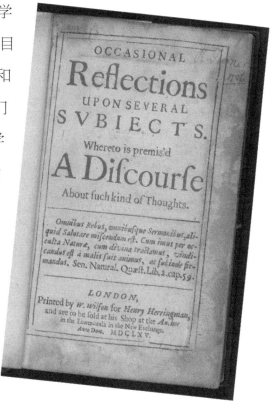

追求真理不仅仅是一个简单的想法或口号，波义耳通过一系列的实验来怀疑曾被视为真理的"四元素说"。比如通过实验，波义耳发现黄金中并不含有"火、水、气、土"这四种元素，也不能从中分解出硫、汞等任何一种元素。

那么，什么是元素？波义耳认为：只有那些不能用化学方法再分解的简单物质才是元素。例如黄金，虽然可以同其他金属一起制成合金，但是仍可通过方法让它恢复其原形，重新得到黄金，水银也是如此。

波义耳推断，组成世界物质的元素，不是古希腊哲学家留下来的"四种"元素，一定会有许多种。波义耳对于元素的见解，使化学第一次明确了自己的研究对象，所以他被后人认为是化学这门科学的奠基人。

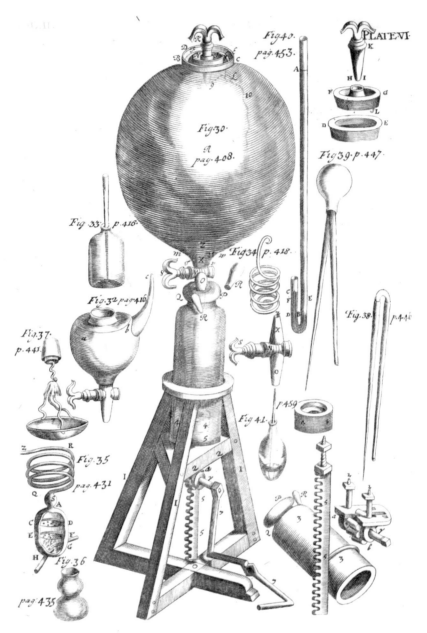

波义耳不仅为化学的研究指明了方向，而且还通过实验发现了酸碱指示剂，找到了制取墨水的化学方法，研究了磷和磷化物，甚至还发现了人体的毛细血管。当然这些伟大的成就，都离不开他夜以继日艰苦实验的努力。

为什么我们能看到雾?

让我们接着回到"烟"和"雾"的讨论上。我们在前面讲到了雾是水蒸气在空气中受冷,凝结而成的悬浮着的小水滴或冰晶。可能有的同学就问了,水不是透明的吗?而且小水滴那么小,为什么我们还能看到白茫茫的雾呢?

其实这是因为形成雾之后,悬浮的小水滴或冰晶会对光线产生全反射和漫反射,我们因此就能看到白茫茫的雾了。如果雾太大,能见度变低,会严重影响我们的视线,此时在路上开快车,发生危险的可能性会显著增加。

雾的形成有两个基本条件:一是近地面的空气中的水蒸气含量充沛,也就是湿度大;二是地面气温低。所以雾不仅可以在自然条件下形成,也可以通过人工手段制造出来,并且其形成和变化在很大程度上受到人类活动的影响。

20 世纪之初,英国伦敦曾被称为"雾都"。原因之一是,伦敦所在的大不列颠岛常年处在北半球西风带的控制下,温暖湿润的西风吹来，与岛上较冷的空气相遇，同时北大西洋暖流与岛屿周围较冷的海水汇合，便会在岛上形成多雾的天气。原因之二是，作为工业革命的发源地，伦敦工业发达，各种工厂大量排出废气，而且城市人口密集，大多数居民还采用燃烧煤炭的壁炉取暖。于是，伦敦上空便形成了烟雾混杂的独特"景观"——大雾，由此得名"雾都"。

　　但是，工业烟雾污染对人体、自然环境都是十分有害的。1952年，"伦敦烟雾事件"致使约4000人死亡，政府这才重视起"工业尾气"的危害，并推出一系列法案和措施，禁止使用产生浓烟的燃料，加强环境保护。

　　现在，伦敦的空气质量已经得到了明显改善。但是全球空气污染的问题，依然是我们面临的严峻问题。

有的同学想体会一下雾的感觉，那么接下来这个实验，将会给你创造一个雾的情境。你准备好了吗？

小实验：干冰仙境

实验准备：

扫描二维码
就可观看视频

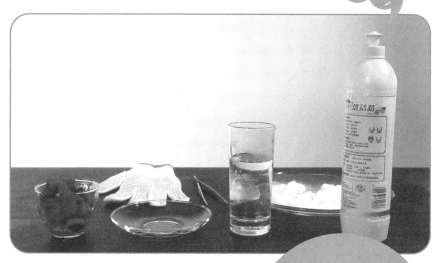

干冰若干、杯装水、洗洁精、杯子、
玻璃盘子、清洁毛巾、手套、镊子。

注意：干冰温度低，不能直接触碰，会有冻伤的危险；青少年开展实验必须在监护人指导下进行！

实验步骤：

往杯子中加入洗洁精，然后加水稀释成洗洁液。

用清洁毛巾蘸上洗洁液备用。

用镊子取一些干冰放在玻璃盘子里。

往盘子里加水，看看会发生什么？

装有干冰的玻璃盘子立刻出现了浓浓的白雾，是不是有一种仙境般的感觉呢？接下来的这一步，会让实验变得更有趣。

将蘸过洗洁液的清洁毛巾拉直，然后在玻璃盘子的上方轻轻地来回抔过，看看会发生什么？

慢慢掀开毛巾后，我们可以看到一个有意思的画面：一个好似"鸵鸟蛋"的巨大气泡产生了，这是怎么一回事儿呢？

　　干冰的主要成分是固态的二氧化碳，遇到水会剧烈升华（固态直接转化为气态），大量吸热，产生大量二氧化碳气体，使它周围的温度降低。空气中的水蒸气遇冷迅速液化成为极小的液珠，看上去就是那种白雾弥漫的感觉了。

　　在反复接触"白雾"的过程中，毛巾中的洗洁液被产生的大量二氧化碳气体吹起来（洗洁液中含有甘油，甘油可以吸收水分，有利于维持气泡），气泡越来越鼓，最后就形成了"鸵鸟蛋"。这个实验是不是很有趣呢？

诗词加油站

描写烟雾的古诗词

　　无论是烟还是雾，那种虚无缥缈的感觉，总是令人遐想。古代的文人墨客也留意到了这一点，写出很多精彩的诗词佳句。

《海棠》
宋 苏轼

东风袅袅（niǎo）泛崇光，
香雾空蒙月转廊。
只恐夜深花睡去，
故烧高烛照红妆。

《苏溪亭》
唐 戴叔伦

苏溪亭上草漫漫，
谁倚东风十二阑（lán）。
燕子不归春事晚，
一汀（tīng）烟雨杏花寒。

《竹枝词九首·其九》
唐 刘禹锡

山上层层桃李花，
云间烟火是人家。
银钏（chuàn）金钗（chāi）
来负水，
长刀短笠去烧畲（shē）。

《吴门道中二首·其二》
宋 孙觌（dí）

一点炊烟竹里村，
人家深闭雨中门。
数声好鸟不知处，
千丈藤萝古木昏。

《阴雨》

唐 白居易

岚（lán）雾今朝重，江山此地深。

滩声秋更急，峡气晓多阴。

望阙（què）云遮眼，思乡雨滴心。

将何慰幽独，赖此北窗琴。

《渔家傲·天接云涛连晓雾》

宋 李清照

天接云涛连晓雾，星河欲转千帆舞。

仿佛梦魂归帝所。

闻天语，殷勤问我归何处。

我报路长嗟（jiē）日暮，学诗谩有惊人句。

九万里风鹏正举。

风休住，蓬舟吹取三山去！

在上面这些诗词中，既有描写天然形成的"烟"或"雾"，也有提到人们做饭时形成的炊烟，不知道你都读出来了吗？

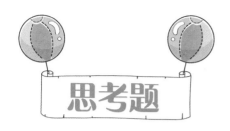

思考题

① 唐代诗人李白的《望庐山瀑布》一诗中有这样一句——"日照香炉生紫烟"，说的是在阳光照射下庐山的香炉峰周围升起了紫色的烟雾，那么"紫烟"的形成是化学变化还是物理变化呢？

② 空气污染是一个极为严峻的环境问题，亲爱的同学们，对于怎样改善空气质量和减少空气污染物排放，你能想到哪些方法呢？如果没有想到，也可以查查资料。

② 春蚕到死丝方尽，蜡炬成灰泪始干

——燃烧需要哪些条件？

"春蚕到死丝方尽，蜡炬成灰泪始干。"这一诗句出自唐代诗人李商隐的诗作《无题·相见时难别亦难》，全诗为：

相见时难别亦难，东风无力百花残。

春蚕到死丝方尽，蜡炬成灰泪始干。

晓镜但愁云鬓（bìn）改，夜吟应觉月光寒。

蓬山此去无多路，青鸟殷勤为探看。

诗词赏析

译文：相见很难，离别更难，更何况是在这东风无力、百花凋谢的暮春时节。春蚕结茧到死时才吐完丝，蜡烛燃尽像泪一样的蜡油才能滴干。早晨梳妆照镜，担心那如云的鬓发改变颜色，容颜不再。长夜独自吟诗而不能入眠，感到冰冷的月光袭人。蓬莱山离着不算太远，但无路可通，还请青鸟来做使者，为我殷勤地去探看。

离别的痛苦、凋残的百花、"流泪"的蜡烛、寒冷的月光……

从这首诗所描写的内容，我们不难看出，这是一首以一位女性口吻而创作的抒情诗，表达了一种令人伤感的思念之情。在女主人公悲伤、痛苦的思念之中，也蕴含着灼热的渴望和坚忍的执着精神，感情极为丰富。

李商隐（813—858），字义山，号玉溪（谿）生、樊南生。唐代著名诗人，祖籍怀州河内（今河南沁阳）。李商隐擅长政治抒情诗和个人生活抒情诗，是晚唐最出色的诗人之一，其诗构思新奇，风格秾丽，尤其是一些抒情诗写得缠绵悱恻，优美动人，广为传诵。

诗词中的哲理

李商隐的这首《无题·相见时难别亦难》，虽是以描写女性的情感为主题，但诗中"相见时难别亦难""春蚕到死丝方尽""蜡炬成灰泪始干"等诗句，成了千古流传的佳句。比如像"春

蚕到死丝方尽，蜡炬成灰泪始干"，常常被用来赞美那些辛勤工作、无私奉献的人。

在我们的身边，就有很多这样默默付出的人，比如辛苦忙碌的老师、医生等，他们在自己工作的岗位上兢兢业业地工作着，为社会贡献自己的力量。难道我们不应该赞美他们，并学习他们高尚的品格吗？

"蜡炬成灰泪始干"是李商隐《无题·相见时难别亦难》中非常经典的一句，意为"蜡烛要燃烧得干干净净时，像眼泪一样的蜡油才能滴干"。不知道在生活中，你是否观察过蜡烛的燃烧呢？

有过观察经验的同学，一定会感慨李商隐这句诗的精妙。蜡烛在燃烧的过程中，一点点变短，并且有像眼泪一样的蜡油滴下，直到最后烧尽为止。那么，问题来了，燃烧需要哪些条件呢？

火是如何燃烧起来的?

我们的祖先很早就会使用火，他们用火烹饪食物、御寒取暖、驱逐野兽。但是对于物质为什么能够燃烧，在历史的很长一段时间里，都没有人能找到答案。

在 18 世纪以前，人们崇拜火，认为火是一种"圣物"，很多神话中都有"火神"这样的神灵，例如古希腊神话中的赫菲斯托斯。

古希腊哲学家赫拉克利特(约公元前540—约公元前480)甚至提出，万物由火而生，所以一直处于变化当中。

那么，物质到底是怎样燃烧起来的？到了18世纪，一些科学家开始寻找答案，并提出了著名的燃素学说。

燃素学说假定存在一种类似火的元素，被称为燃素。它包含在可燃物质中，并在燃烧过程中释放。通过这个理论，可以很容易解释，为什么木柴在燃烧之后会变轻，一定是有什么物质在燃烧过程中"逃离"了，这种物质就是燃素。

燃素学说的想法最早是在1667年由德国化学家约翰·约阿希姆·贝歇尔（1635—1682）提出的，后来由德国另一位化学家格奥尔格·恩斯特·施塔尔(1660–1734)正式提出。燃素学说试图解释如燃烧和生锈的化学过程，由于当时科学水平的限制，以及燃素学说本身具有一定的逻辑性，所以这一理论得到了广泛的认可。

直到一位出色的化学家的出现，才彻底推翻了燃素学说。

遇见科学家：拉瓦锡

这位推翻燃素学说的科学家，就是大名鼎鼎的法国化学家安托万·洛朗·拉瓦锡（1743—1794），他也被后世尊称为"近代化学之父"。

1743 年，拉瓦锡出生在法国巴黎一个富有的家庭里，父亲是一位律师，也希望能把拉瓦锡培养成为一名律师，但没想到，拉瓦锡更喜欢的是自然科学。有一次，小拉瓦锡为了研究光线，把自己关在一个黑暗的房间里很久，为的是让自己的眼睛变得敏锐，能够在暗处看出光线的微弱变化。

5 岁的时候，拉瓦锡的母亲不幸早逝，给他留下了一大笔遗产。为了让他得到照顾，忙碌的父亲只能把他送到姑妈那里去抚养。

11 岁的时候，拉瓦锡被送到法国最好的学校——马萨林学院进行学习，在这里，他接受了良好的教育，而且还被学校里的科学实验课程深深吸引，这为他日后的化学研究埋下了种子。

1761 年，18 岁的拉瓦锡在父亲的授意下，进入巴黎大学法学院学习，并且最终获得了律师职业资格。拉瓦锡本可以像自己的父亲一样，成为一名富有的律师，但是他并没有继续走父亲的道路。在大学期间，他经常跑去旁听学校里的化学课，并且了解到了波义耳关于元素的理论，以及施塔尔的燃素学说，爱思考的拉瓦锡对燃素学说产生了疑问，他决心在未来通过实验亲自验证一下。

　　1766 年，23 岁的拉瓦锡写了一篇关于大城市照明问题的论文，并受到了法国科学院的注意，被授予金质奖章，这使他认识到了自己的科学研究能力，便彻底放弃了成为一名律师的职业发展方向，转而专心开始自己的科学研究事业。

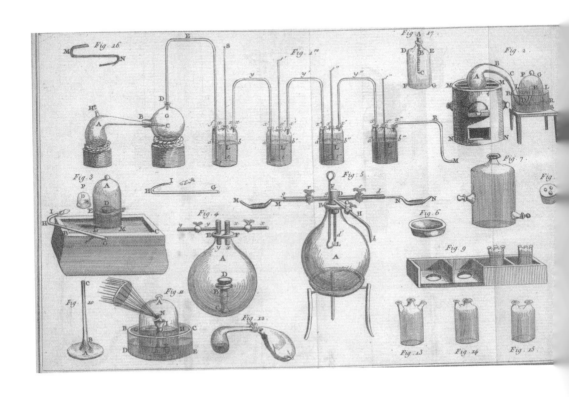

1772 年秋天，拉瓦锡开始研究硫、磷及金属在空气中的燃烧问题。为了确定空气是否参加反应，他设计了著名的钟罩实验。通过这一实验，可以测量化学反应前后气体体积的变化，并得到参与反应的气体体积。

1773 年，另一位早期的伟大的化学家普里斯特利，向拉瓦锡介绍了自己的一个实验观察：氧化汞加热时，可得到"脱燃素空气"，这种气体使蜡烛燃烧得更明亮，还能帮助呼吸。拉瓦锡重复了普里斯特利的实验，得到了相同的结果。但保持怀疑态度的拉瓦锡并不相信燃素学说，他认为这种气体是一种元素。

1774 年 10 月，拉瓦锡做了一个著名的实验，他把装有部分水银（汞）的密闭容器加热了 12 天，发现水银变成了红色粉末，并且容器内的空气少了 1/5。拉瓦锡研究了剩下的气体，发现这些气体不能用于人或动物的呼吸，也不能燃烧，他称之为"窒息气体"。

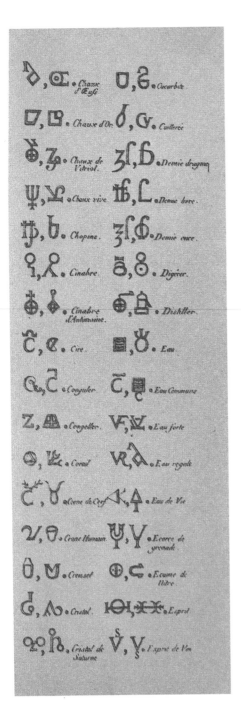

紧接着，他又把容器中的红色粉末（氧化汞）放到另外一个容器中加热，得到了汞和氧气，而氧气所占的体积正好是之前容器内空气的1/5。

随后，拉瓦锡用磷也做了相似的实验。磷在燃烧后会变成白色粉末，重量增加。空气减少约1/5，余下的空气已经不具有燃烧的性质。

根据实验的结果，拉瓦锡提出了新的燃烧理论：他认为燃烧绝不是物质燃素的外逸，而是物质跟氧气的剧烈反应，放出光和热。他又对空气的成分作了正确的分析：空气中有1/5的氧气，可以帮助燃烧；还有4/5的氮气（拉瓦锡称为"窒息空气"），不能帮助燃烧。

在1777年，拉瓦锡发表了一篇名为"燃烧概论"的论文，阐明了燃烧作用的氧化学说，彻底地推翻了燃素学说。拉瓦锡发现并命名了氧气，开创了定量化学分析的先河，并用实验验证了化学反应中的质量守恒定律，为近代化学的发展奠定了基础。

1789 年，拉瓦锡出版了《化学基本教程》，这是一部集其观点之大成的教科书，在这部书里拉瓦锡定义了元素的概念，并对 33 种元素进行了分类，包括一些当时被认为是元素的化合物，使得当时零碎的化学知识逐渐清晰化。

可以说，拉瓦锡对于近代化学的影响，如同牛顿对于物理学的影响一样重要，他的名字被刻在埃菲尔铁塔上，供后人敬仰和纪念。

蜡烛为什么能够燃烧？

拉瓦锡通过实验推翻了燃素学说，并发现了助燃的氧气，那么现代科学是如何理解燃烧的呢？

其实，燃烧是一种放热发光的化学反应，但这个反应过程是非常复杂的。因为要发生燃烧，是需要具备燃烧条件的，都有哪些呢？

① 可燃物。无论是木柴，还是蜡烛，或是石油、天然气等，这些能够被点燃的物质都是可燃物。而像水、岩石等物质，我们都知道它们是不能被点燃的，所以是不可燃物。

② 助燃剂。我们把木柴、蜡烛放在真空的环境下，它还可以燃烧吗？答案是否定的。这是因为真空环境下是没有氧气的，而空气中的氧气恰恰是帮助燃烧的物质，也被称为助燃剂。除了氧气之外，还有一些化学物质也可以作为助燃剂，例如氯酸钾、二氧化锰等。

③ 一定温度（燃点）。有了可燃物和助燃剂，环境达到或超过一定温度就会出现燃烧的现象了。对于不同的可燃物而言，它们开始燃烧的温度是相对固定的，这个温度被称为"燃点"。

一般而言，常见可燃物的燃点远高于气温，需要外来热源的帮助才能燃烧，比如火柴、电火花、雷电等都可以提高温度，让可燃物燃烧起来。有些可燃物燃点很低，常温下就容易燃烧，保存时需要特别注意，以免发生火灾。

在古代，蜡烛的主要成分是石蜡或者动物油脂，其化学成分主要是烷烃类的化合物，属于可燃物，所以蜡烛可以在空气中燃烧。

诗中提到了蜡烛燃烧时会出现"灰"和"泪"，其实这里的"灰"是蜡烛燃烧不充分时的产物，而"泪"则是烷烃类化合物在燃烧过程中产生的热，使周围固态的蜡融化为液态的蜡（俗称蜡油）所形成的。

接下来，让我们做一个和蜡烛有关的小实验，看看干冰是如何灭火的。

小实验：干冰灭火

实验准备：

扫描二维码
就可观看视频

　　水、干冰、镊子、蜡烛、打火机、量杯和玻璃杯。

实验步骤：

注意：未成年人开展实验需要在监护人陪伴下进行。

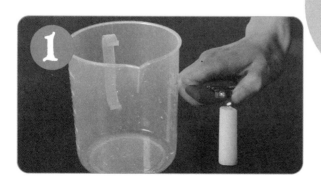

用打火机点燃蜡烛。

用镊子夹住蜡烛放入量杯中。

用镊子夹几块干冰放入量杯中。

往量杯中倒入少量的水，看看会发生什么现象？

　　干冰遇到水后产生了大量的烟雾，随后，你会观察到蜡烛熄灭了。这是为什么呢？

　　原来，蜡烛燃烧需要氧气作为助燃剂，空气能源源不断地给蜡烛提供氧气，蜡烛就会持续燃烧。

　　而在我们的小实验中，干冰遇水吸热升华为二氧化碳，二氧化碳的密度比空气大，往下沉，把量杯内的氧气赶了出去。没有了氧气，蜡烛也就无法继续燃烧了。

　　细心的同学可能观察到过，蜡烛在刚熄灭的时候，灯芯上方会产生一股白烟，这白烟是什么呢？其实白烟是蜡在燃烧受热后产生的蒸气。当我们再次点燃蜡烛的时候，可以直接点这股白烟就能让蜡烛复燃，不需要点灯芯。

火是一种什么物质？

无论是蜡烛还是木柴，我们会发现，充分燃烧时都会有火焰出现，而很多同学都对火特别感兴趣，那么火到底是一种什么物质呢？

事实上，火是物质燃烧过程中所进行的强烈氧化反应，而且其能量会以光和热的形式释放出来，此外还会产生大量的生成物。

我们经常听到"火焰"这个词，焰其实就是火的可见部分，根据燃烧物质的不同及以纯度的不同，火焰的颜色和亮度也会不同。

形成火和燃烧的条件都是一样的，必须有可燃物、温度达到燃点及助燃剂这三项，缺一不可。

古人通过钻木来取火，这个过程也是符合上述条件的。木柴或树枝是可燃物，空气中的氧气是助燃剂，而快速摩擦产生的热量能够达到点火所需要的温度。

火是影响地球生态系统的重要因素之一，火对人类和地球的好处是：可以维持各种生物的生态系统平衡以及刺激植物成长；人类用火来烹饪食物、取暖、产生讯号、照明等。

但火也会造成灾害，其中包括污染水体、污染空气、造成土壤流失，对人类生命财产也会造成威胁和损失。温室效应其原因之一就是来自燃烧化石燃料产生的二氧化碳。

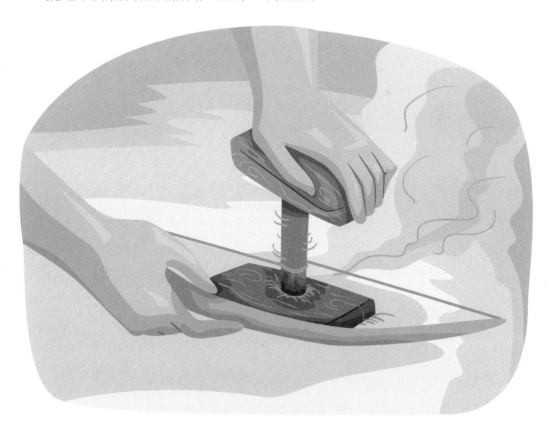

火柴是用什么点燃的？

据记载，英国人沃克于1826年发明了火柴，他利用树胶和水制成了膏状的硫化锑和氯化钾混合物，涂在柴梗上并夹在砂纸中间，通过拉动产生火。后来，人们发现用白磷来点火更为方便，所以在一段时间内，白磷成了火柴的主要材料。

但白磷这种物质稳定性比较差，很容易自燃，而且还是有毒的，导致火柴厂一些工人出现了中毒

的情况。1852年，经过瑞典人距塔斯脱伦姆的改进，发明了安全火柴。这种火柴以磷和硫化合物为发火物，用它摩擦涂上红磷的匣子才能生火，安全程度得到了大幅提高。

在化学上，红磷是磷的一种同素异形体，除了红磷之外，常见的磷的同素异形体还有黑磷和白磷。这些物质的基本组成都是磷，化学元素符号为P。但是由于原子排列组合的方式不同，继而就形成了各种外观和性质略有差异的同素异形体。

　　当然，在一定的条件下，这些同素异形体的磷都可以相互转换，如白磷在隔绝空气的条件下加热到 260 摄氏度即可变成红磷；而红磷在加热到 431 摄氏度升华后就变成白磷。白磷有毒，为透明蜡状固体；而红磷为红紫色无定形结晶形粉末。

　　不管白磷还是红磷，由于均是磷，因此它们也有很多相同的化学性质，当它们在氧气中燃烧时，都会生成五氧化二磷。除了在氧气中燃烧外，磷还能在氯气中燃烧，在氯气不太充裕的条件下，生成三氯化磷；而当氯气非常充裕时，生成的产物是五氯化磷。磷还可以与强酸反应，如磷与硝酸反应，可以生成磷酸和一氧化氮。

诗词加油站

描写火的古诗词

火带给了人类光明和温暖，对火的使用，是人类走向文明的一个重要标志。那么在古诗词当中，有哪些关于火的描写呢？

《夜下征虏（lǔ）亭》

唐 李白

船下广陵去，
月明征虏亭。
山花如绣颊（jiá），
江火似流萤。

《从军行》

唐 杨炯

烽火照西京，心中自不平。
牙璋（zhāng）辞凤阙，铁骑绕龙城。
雪暗凋旗画，风多杂鼓声。
宁为百夫长（zhǎng），胜作一书生。

《烧歌》（节选）

唐 温庭筠（yún）

起来望南山，山火烧山田。

微红夕如灭，短焰复相连。

差差（chà）向岩石，冉冉凌青壁。

低随回风尽，远照檐（yán）茅赤。

《卜算子·渔火海边明》

宋 葛长庚（gēng）

渔火海边明，烟锁千山静。

独坐僧窗夜未央，寂寞孤灯影。

感慨辄（zhé）兴怀，往事无人省（xǐng）。

江汉飘浮二十年，一枕西风冷。

《阮（ruǎn）郎归·耒（lěi）阳道中为张处父推官赋》

宋 辛弃疾

山前灯火欲黄昏，山头来去云。

鹧（zhè）鸪（gū）声里数家村，潇湘逢故人。

挥羽扇，整纶（guān）巾，少年鞍马尘。

如今憔悴赋招魂，儒（rú）冠（guān）多误身。

《雁门胡人歌》

唐 崔颢（hào）

高山代郡（jùn）东接燕，雁门胡人家近边。

解放胡鹰逐塞鸟，能将代马猎秋田。

山头野火寒多烧，雨里孤峰湿作烟。

闻道辽西无斗战，时时醉向酒家眠。

在这些古诗词中，有烽火、灯火、野火、山火等，你最喜欢哪句诗词的描写呢？

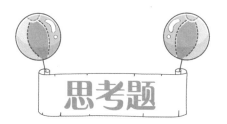

① 在炒菜时，如果锅里不小心着火了，手边又没有灭火器，那么我们如何快速灭火呢？你可以想一想并查查资料。

② 俗话说"星星之火，可以燎原"，那么为什么一点点火星可以让整个草原发生火灾呢？请你根据这一章所学到的内容想一想。

③ 花气袭人知骤暖，鹊声穿树喜新晴
——物质是由什么构成的？

"花气袭人知骤暖，鹊声穿树喜新晴。"这句诗出自南宋著名诗人陆游的《村居书喜》，全诗为：

红桥梅市晓山横，白塔樊江春水生。

花气袭人知骤暖，鹊声穿树喜新晴。

坊场酒贱贫犹醉，原野泥深老亦耕。

最喜先期官赋足，经年无吏叩柴荆。

诗词赏析

译文： 红桥梅市远处山峦横亘，白塔下樊江春水潺潺。花香扑面而来的时候，便知道天气变得暖和了；天气晴和的日子里，喜鹊的叫声透过树林传出来。集市上浊酒的价格很低廉，穷困的我也能买得起喝醉，原野间泥泞深重，农人还都在忙着耕种。最令人开心的莫过于交齐了赋税的农民，整年都不会有小吏来催租了。

这首诗的前四句描绘出一幅令人愉悦的春景图：山峦横亘、春水潺潺、花香扑面、鹊声阵阵。后面两句则主要是以人物描写为主：随着春天到来，喜欢喝酒的"我"和忙着耕种的农民，心情都变得非常愉悦。全诗通过对风景和人物的描写，勾勒出一片欣欣向荣的春季风景图，读后令人感到愉悦和轻松。

陆游（1125—1210），字务观，号放翁。越州山阴（今浙江绍兴）人。南宋著名的诗人。陆游出生在北宋灭亡的时期，少年时即深受家庭中爱国思想的熏陶。宋高宗时，参加礼部考试，但因为受到大臣秦桧的排斥而仕途不畅。陆游中年入蜀，投身军旅生活。嘉泰二年（1202年），宋宁宗诏陆游入京，主持编修国史、实录，官至宝谟阁待制。陆游一生创作的诗歌有九千多首，内容极为丰富，著有《剑南诗稿》《渭南文集》《南唐书》等。

诗词中的哲理

《村居书喜》不仅仅描绘出一幅迷人的春景，而且通过这首诗

的最后两句话，我们可以感受到诗人陆游对百姓疾苦的关心。

这首诗也告诉同学们这样一个小哲理：俗话说"一年之计在于春"，春天既是美好的，也是一年当中最重要的时节，在春天辛勤播种，秋天就会有更多的收获。对于青少年来说，我们也应该珍惜当下的时光，在年少时期多学习知识，将来就能体会到学有所成的快乐。

诗中写的"花气袭人知骤暖"，意思是"闻到花的香味，就知道天气变暖了"。在生活中，你可能也有类似的体会——逛公园的时候，很远就能闻到花的香味。

有的同学就会想，为什么花的香味能飘得这么远呢？而花的香味又是什么呢？为什么不同的花有不同的香味呢？这就要从微观的世界讲起了。

微观世界都有什么?

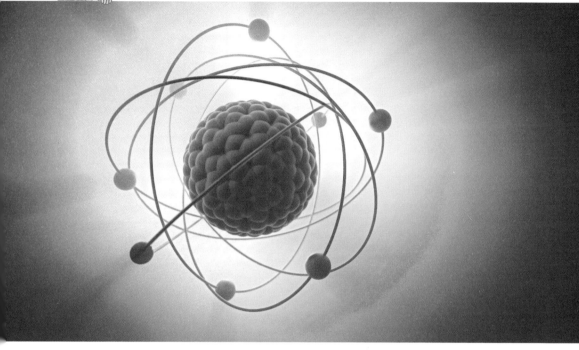

　　大到一栋高楼，小到一根针，这些物体都属于宏观世界，也是我们肉眼能够轻易看到的世界，但是除了宏观世界以外，还有一个微观的世界。例如，我们用能够放大很多倍的显微镜，如扫描电镜来看看金属的微观世界，会看到金属是由一个个圆圆的粒子组成的，它们整齐排列着，这些很小很小的粒子就是金属原子。

　　原子到底还能不能再分割呢? 如果从构成物质的单元角度来说，原子是构成物质的基本单元和化学变化中的最小微粒，用化学的方法原子是不能再被分割的。换句话说，原子相对而言是比较稳定的，它以一个基本单位的身份来参与各种化学反应。

我们在之前讲过，古希腊时期的哲学家德谟克利特曾经提出过"原子论"假说，认为世界上物质的本原是原子和虚空，组成物质的原子是没有性质区别的，只是形状、体积不同，物质的转变过程不过是原子的重新组合，但各原子本身保持不变。

德谟克利特的观点可谓非常超前，但缺乏严谨的科学证明。直到 19 世纪初，随着科学水平的提高，人们对原子的认知有了革命性的突破。

遇见科学家：道尔顿

原子的确是构成物质的微观粒子，但不同的原子是有不同属性的。英国化学家、物理学家约翰·道尔顿（1766—1844）创建了近代原子论，为物质的微观研究指明了方向。

道尔顿出生于英格兰西北部坎伯兰郡一个贫困的纺织工人家庭，母亲生了 6 个孩子，一家人的生活十分困顿，这也导致了道

尔顿的一个弟弟和一个妹妹因为营养不良和疾病而夭折。

年少时期,道尔顿勉强上完了小学,后来因为贫困而不得不辍学,不过他热爱读书,这让一位名叫鲁滨孙的老师很欣赏他,经常借书给他。道尔顿在广泛阅读的基础上,学识有了很大的提高。

后来经鲁滨孙推荐,12岁的道尔顿在学校担任了一段时间的老师工作,成了孩子们都喜欢的"小老师"。

在家乡的学校教了三年书之后,15岁的道尔顿辞别了父母,带着简陋的行李来到了肯德尔,在当地的一所寄宿学校担任数学老师。最让道尔顿感到满意的,是这所学校有非常多的藏书,道尔顿在这里废寝忘食地阅读,并开始迸发出对科学的探索激情。

1785年,由于出色的学识和优异的教学表现,刚满19岁的道尔顿担任了这所学校的校长。年轻的道尔顿工作劲头十足,不仅继续教书育人,而且还广泛地开展科学研究和实验工作。作为一位十

足的"气象迷"，他于1787年3月开始了气象观测的记录，几十年如一日，无论刮风下雨，每天都会在早上六点钟打开窗户进行观测记录。

除了研究气象以外，道尔顿也开始对化学展开了研究和思考。他阅读了德谟克利特的朴素"原子论"，还反复研究了物理学家牛顿的"微粒说"的思想，并大受启发。道尔顿趁热打铁，进行了各种量化对比分析。

在量化分析的实验结果基础上，道尔顿创立出"倍比定律"，并按照这一定律，首次提出了原子量的概念，同时绘制出一张原子量表。至此，微观世界中原子的"神秘面纱"被道尔顿徐徐揭开。

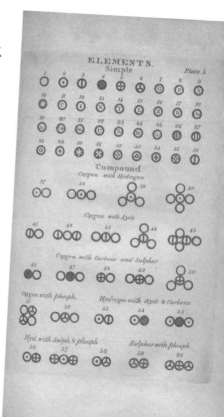

1803年，在英国曼彻斯特举行的一次文学和哲学学会上，道尔顿首次正式提出了科学的"原子学说"。他的"原子学说"内容包括不同元素的原子重量不同，原子不可再分，也无法称量，但可以求得它们的相对重量。

根据道尔顿的"原子学说"，氢原子是最轻的原子，把它的重量规定为1，以此可以求得其他元素的相对原子量。

道尔顿后来通过实验还发现：当甲乙两种元素能互相化合而生成几种不同的化合物，则在这些化合物中，与一定质量的甲元素相化合的乙元素的质量，互成简单的整数比。

道尔顿的"原子学说"一经发布，便给整个化学界带来了"拨云见日"般的全新感觉。和德谟克利特的朴素"原子论"比起来，道尔顿的"原子学说"显然已有雄厚的科学依据作为基础，为后来测定元素原子量工作开辟了光辉前景。

"原子学说"建立之后，道尔顿的名声响彻欧洲，各种荣誉纷至沓来，他相继被评选为法国科学院院士、英国皇家学会会员、柏林科学院名誉院长等，还被当时的英国皇家学会授予了金质奖章。

然而，即便在荣誉和赞美的包围下，道尔顿对科学的热爱和执着始终如一，未曾改变。

关于这位成就巨大的化学家，还有一个事实是——他天生患有色盲症，这种病的症状引起了他的好奇心。因此他开始着手研究这个课题，并最终发表了第一篇探讨色盲现象的论文。后来人们为了纪念他，又把色盲症叫作"道尔顿症"。

原子的结构是什么样的？

从著名的科学家道尔顿提出"原子学说"之后，人们虽然对原子的性质很感兴趣，但是很少有人关心原子的结构，因为大家都觉得原子就是一个很小的实心球，和我们平时玩的弹子球一样，没有什么特别的。

不过到了 19 世纪末期，特别是人类发现阴极射线之后，由于射线能够与原子相互作用，人类慢慢地揭开了原子内部神秘的面纱。

通过实验，约瑟夫·约翰·汤姆孙发现了电子的存在，并且提出了汤姆孙原子模型，由于原子不带电，他假设原子中必然有带正电荷的部分，认为电子是随机散布在带正电的原子里，有人还形象地把这种模型叫作葡萄干蛋糕模型。

第一个较为客观解释原子的科学家是英国的物理学家欧内斯特·卢瑟福，他使用一束 α 粒子轰击金箔时，小部分的粒子好像是碰到什么坚硬的物质一般改变了原来的路径。据此分析，他认为原子中间有一个质量和电荷都很集中的聚集体，这个聚集体叫作原子核，而电子在原子核的周围运动，就如地球围绕太阳转一样。

在卢瑟福的研究基础上，人类慢慢深入了解了原子，原子由原子核和核外电子组成，而原子核包含质子和中子。

在化学变化中，一个原子的电子可以得失，而质子、中子不会得失。化学家将质子数相同的原子归为一类，配上专用的名称和符号，总称为某元素。

例如相对质子数为 1 的原子，不论中子数如何统称为氢元素，其中，最常见的中子数为 0 的原子被称为氢原子。

原子

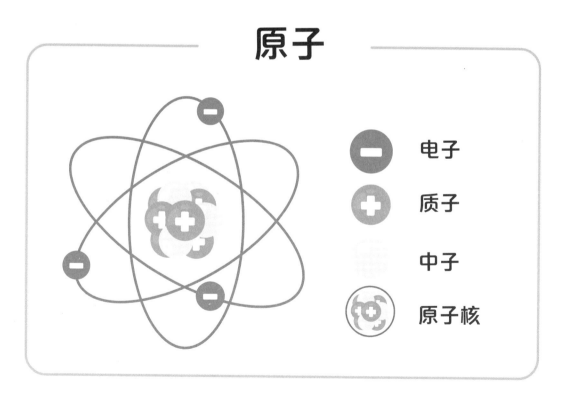

电子

质子

中子

原子核

分子是由什么构成的？

在微观世界中，构成物质的最小单位是原子，但如果我们用扫描探针显微镜来观察水的话，我们其实是可以看到水的最小组成不是原子，而是一个个的水分子——H_2O。

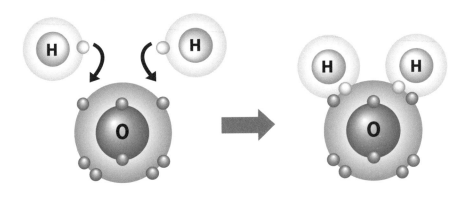

水分子由两个氢原子和一个氧原子组成，这三个原子通过一种比较强的作用力（化学键）紧紧地结合在一起，在各种简单物理条件下都是不分开的。

例如在加热的时候，水变成水蒸气，物质的形态发生了改变，但在这个过程中，水分子结构并没有改变，而是变成水的气体形式。

分子可以由相同原子组成，也可以由不同的原子组成。各种单质分子就是由相同的原子组成，例如我们都熟知的氧气，它的分子式为 O_2，就是由两个氧原子组成；而水分子则是由氢原子和氧原子组成。

有趣的是，有些物质的分子也可以是单个的原子，例如稀有气体氩气，它的分子就是由单个氩原子组成。当然，有些有机化合物分子的整个结构是非常庞大的，如蛋白质分子，含有成千上万的原子，每个原子都对分子的性质起到重要作用。

分子和分子之间也有一定的作用力，但是这种作用力是比较弱的，我们称这种作用力为范德华力。在环境出现变化或是有别的化学物质影响下，原有的分子结构可能会被破坏而发生改变，也可能因此产生新的物质。

微观世界是很奇妙的，微观世界和宏观世界是密不可分的。物质是通过原子或者分子的相互作用而产生的，它在宏观上构成了五彩斑斓的世界。

一般来说，微观世界的原子和分子需要借助电子显微镜才能观察到。不过，我们也可以通过实验来感受。

小实验：细绳引水

扫描二维码
就可观看视频

实验准备：

红色颜料、水、两个塑料杯、胶带、剪刀、细绳。

实验步骤：

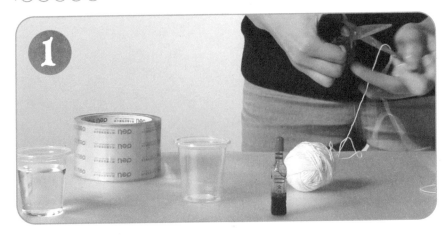

剪下一段细绳并对折。

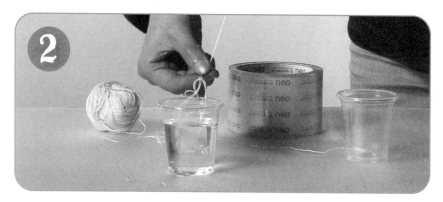

往一个塑料杯中装满水，将细绳放到塑料杯里充分浸湿。

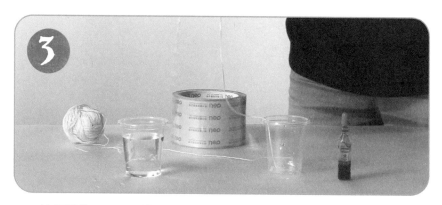

将细绳的一端用胶带固定在空的塑料杯底部。

将颜料滴入装有水的塑料杯中，水变成了红色。

将细绳的一端放入水被染红的塑料杯中，并按住绳头。

举起水被染红的塑料杯，拉直细绳，然后将塑料杯倾斜，慢慢地倒水，出现了什么情况？

我们可以看到红色的水沿着长长的细绳，汩汩地流入了下方的塑料杯中，只要保持慢速，水就不会洒出来。这是为什么呢？

其实，这是因为一开始我们把细绳浸湿了，细绳上有水，当我们倒水的时候，由于水分子之间相互吸引，细绳上的水会吸住水流，确保了水沿着细绳流下，起到引流的作用。

不知道你有没有发现，清晨树叶上的小露珠，当你轻轻碰一下树叶，相互靠近的两个小水珠立刻变成一个稍大的水珠，这就是因为水分子之间相互吸引的缘故。

花的香味从哪儿来?

"花气袭人知骤暖",那么你知道花的香味是从哪里来的吗?

在我们生活的地球上,植物学家统计显示有超过 40 万种花,很多花都有自己独特的花香。比如我们熟悉的桃花、月季、牡丹等,你是否闻过这些花的香味呢?

对于植物来说,开花是为了结果,而植物鲜艳的色彩和特殊的气味都是为了吸引昆虫传粉。所以人们总能在花丛中看到蜜蜂、蝴蝶等昆虫的身影。花香就是天然的鲜花所散发的有香气的物质。如果你用显微镜对花瓣进行观察,可以观察到花瓣的薄壁组织中的油细胞,而花的香气就来自这里,油细胞能分泌出有香气的芳香油分子。

分子总是在不停地运动。因此,芳香油分子很容易因这种运动扩散到空气里并钻进我们的鼻子里,我们就会闻到缕缕香气了。

芳香油分子的无规则运动叫"分子的热运动"。而且研究发现,温度越高,分子运动就越剧烈。比如在一天当中,中午的温度通常比早晨要高很多,所以在中午的时候,花香可比清晨要浓郁很多。

正如诗中所写,"花气袭人知骤暖",春天来到,天气变暖,芳香油分子运动也变得活跃起来,所以我们能够在离花较远的地方闻到花香。因此,当我们在冬天过后闻到花的香气时,也会知道温暖的春天到来了。

遇见科学家：阿伏伽德罗

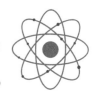

通过之前的阅读，相信同学们都已经了解到，组成物质的基本单位是原子，而相同的原子或不同的原子相互结合，会形成分子，例如花瓣中的芳香油分子、水分子、大气中的二氧化碳分子等。那么，在道尔顿提出了"原子学说"之后，是谁进一步发展出了分子论呢？这里不得不讲到一位伟大的意大利物理学家、化学家——阿莫迪欧·阿伏伽德罗（1776—1856）。

阿伏伽德罗出生在意大利都灵的一个显赫家族里，父亲菲利波曾是当时萨伏伊公国最高法院的法官。不过小时候的阿伏伽德罗，并没有展现出太多科学家的特质，学习成绩一般，中学也是勉强才读完的。当然，身为法官的父亲对阿伏伽德罗有很高的期望，在他中学毕业后，把他送到了都灵大学法律系学习法律。

在大学阶段，阿伏伽德罗好像找到了学习的感觉，成绩有了突飞猛进的进步，16 岁时就获得了法学学士学位，20 岁时又进一步获得博士学位。之后，阿伏伽德罗成为一名年轻的律师。

不过，成为律师之后，阿伏伽德罗发现自己并不热爱这份工作，尔虞我诈的环境和喋喋不休的争吵，让他感到厌倦，而自然科学深深吸引了他。于是，做了三年律师之后，阿伏伽德罗放弃了这份工作，转而研究起自然科学来。他广泛涉猎有关数学、物理、化学和哲学等学科的知识，并立志从事科学研究。

阿伏伽德罗一边进行科学研究，一边发表论文，这引起了都灵科学院的注意，在1804年他被选为都灵科学院院士，这极大地增加了他对科学研究的信心。

阿伏伽德罗投身研究的时期，道尔顿刚刚提出了"原子学说"，在欧洲大陆引起了巨大的轰动，这当然也引起了阿伏伽德罗的注意。阿伏伽德罗开始思考并着手进行了一系列的化学实验，并于1811年提出了"分子假说"，主要观点为：

①原子是参加化学反应的最小质点，而分子是游离状态下单质和化合物能存在的最小质点；②分子是由原子组成的；③单质的分子是由相同元素的原子组成，化合物的分子则由不同元素的原子组成。

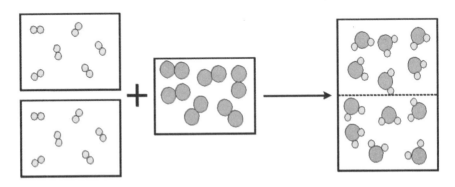

阿伏伽德罗提出的"分子假说"，解决了道尔顿"原子学说"中一些和实验结果矛盾的问题，对于微观世界的组成给出了更合理的解释。阿伏伽德罗发展了道尔顿的"原子学说"，以化学实验为基础，

通过合理的假设和推理，引入了化学中最为重要的概念——分子。

不仅如此，他还进一步提出了著名的阿伏伽德罗定律：在相同的温度和压力下，同体积的气体，含有相同数目的分子。

但令人感到遗憾的是，阿伏伽德罗在提出"分子假说"后，并没有引起科学界的足够认识，当时的科学家更倾向于道尔顿的"原子学说"，不认可分子的概念。尽管阿伏伽德罗再三努力，化学家们还是热衷于测量物质的原子量，而没有从分子的层面去解构化合物和化学反应，这也导致了在很长一段时间内，化学研究陷入了混乱。

在阿伏伽德罗发表"分子假说"约50年后，经坎尼札罗用实验加以论证，阿伏伽德罗的"分子假说"才再一次被化学家们拿出来认真地讨论。此时的化学家们经过冷静思考，终于确认了阿伏伽德罗的"分子假说"是正确的。阿伏伽德罗的伟大贡献终于被认可，可惜此时他已离世数年了。

阿伏伽德罗的研究在其生前未获得广泛认可，实在是一种遗憾。不过，他对化学的伟大贡献是无法被磨灭的。"分子假说"被广泛认可之后，化学研究进入了全新的阶段，人们对于物质的分子组成有了更全面和清晰的认识，近代化学开始蓬勃发展起来。

诗词加油站

描写花香的古诗词

花之所以能够散发出迷人的香气，要归功于它们所含有的芳香油分子。对于充满生活情趣的古人来说，自然也少不了通过诗词来描绘花的香味。

《绝句二首》
唐 杜甫

迟日江山丽，春风花草香。
泥融飞燕子，沙暖睡鸳鸯。
江碧鸟逾白，山青花欲燃。
今春看又过，何日是归年。

《莲花》
唐 温庭筠

绿塘摇滟（yàn）接星津，
轧轧兰桡（ráo）入白蘋（píng）。
应为洛神波上袜，
至今莲蕊有香尘。

《别储邕（yōng）之剡（shàn）中》

唐 李白

借问剡中道，东南指越乡。

舟从广陵去，水入会（kuài）稽（jī）长。

竹色溪下绿，荷花镜里香。

辞君向天姥（mǔ），拂石卧秋霜。

《鹧（zhè）鸪（gū）天·赋牡丹》

宋 辛弃疾

翠盖牙签几百株。杨家姊妹夜游初。

五花结队香如雾，一朵倾城醉未苏。

闲小立，困相扶。夜来风雨有情无。

愁红惨绿今宵看，却似吴宫教阵图。

《题画菊》

宋 郑思肖

花开不并百花丛，

独立疏篱趣未穷。

宁可枝头抱香死，

何曾吹堕北风中。

《茉莉》

宋 许棐（fěi）

荔枝乡里玲珑雪，

来助长安一夏凉。

情味于人最浓处，

梦回犹觉鬓（bìn）边香。

亲爱的同学们，在日常生活中，你最喜欢哪种花的香味呢？你能找到相对应的诗词来描述你喜欢的花吗？

思考题

① 不同的花，香味是不同的，你可以用文字描绘出至少 3 种花的香味吗？

② 在细绳引水的小实验中，如果把细绳换成非常粗的绳子，实验还能得到相同的结果吗？不妨试试看。

④ 千锤万凿出深山，烈火焚烧若等闲
——什么是化学反应？

"千锤万凿出深山，烈火焚（fén）烧若等闲。"这一诗句出自明代诗人于谦的《石灰吟》，全诗为：

千锤万凿出深山，烈火焚烧若等闲。

粉骨碎身浑不怕，要留清白在人间。

诗词赏析

译文： 石灰石经过千锤万凿之后，才得以从深山里被开采出来，它把熊熊烈火的焚烧当作是很平常的一件事。即使是粉身碎骨也丝毫都不惧怕，一定要把清白的本色留在人世间。

很明显，这是一首托物言志的诗，作者把石灰作为比喻，表达出自己不怕牺牲、为国尽忠的决心。从这首诗当中，我们可以感受到作者崇高的人格和大无畏的爱国情怀。

诗人小档案

于谦

于谦（1398—1457），字廷益。官至少保，世称于少保。明浙江钱塘（今杭州）人。永乐进士。因参与平定汉王朱高煦谋反有功，于谦得到明宣宗器重，后担任山西、河南巡抚。明英宗时期，于谦因为得罪太监王振下狱，被释放后降为大理寺少卿。天顺元年，于谦因"谋逆"罪而被冤杀。于谦是明朝名臣、民族英雄，与岳飞、张煌言并称"西湖三杰"。这首《石灰吟》可以说是于谦生平和人格的真实写照。

诗词中的哲理

　　相传有一天，年少的于谦走到一座石灰窑前，观看师傅煅烧石灰。一堆堆青黑色的山石，在烈火焚烧后，都变成了白色的石灰。见到此景，于谦深有感触，便作出了《石灰吟》这首脍炙人口的诗篇。

　　除了学习诗人高尚的品质以外，通过这首诗，我们还能够感受到这样一个道理：要想成为一个对国家、社会有用的人，要像山石一样，经过千锤百炼，才能脱胎换骨。这个道理其实也和孟子所说的"天将降大任于斯人也，必先苦其心志，劳其筋骨……"有异曲同工之妙。

想一想

《石灰吟》中描绘了这样一个生动的场景，从深山里千锤万凿出来的石灰石，被放到熊熊烈火中焚烧，最终留得一身的"清白"。可能有的同学就会好奇，这到底讲了一件什么事情呢？

　　其实这首诗描述了工人开采石灰石，烧制并生成熟石灰的过程。熟石灰是一种白色的粉末，现代人常用它来做漂白粉，而古代人则经常把熟石灰粉应用在建筑和一些医学上。那么从石灰石到熟石灰，这中间经历了什么呢？

石灰石就是石灰粉吗?

在《石灰吟》这首诗中，我们首先可以知道制作石灰的石料，是经过千锤百凿从大山深处开采出来的。石灰石的主要成分是碳酸钙，化学分子式为$CaCO_3$，通常为难溶于水的灰黑色、灰白色。

看过之前的内容我们知道，碳酸钙的分子式是$CaCO_3$，其中包含1个钙原子（Ca），1个碳原子（C）和3个氧原子（O）。那么石灰石和石灰的成分一样吗？

答案是不一样的。生石灰是一种白色固体，它的化学名称为氧化钙，化学分子式为CaO，是由1个钙原子和1个氧原子组成的。

看到这里，很多同学都应该明白了，石灰石和生石灰的成分是不同的，说明它们是两种截然不同的物质。

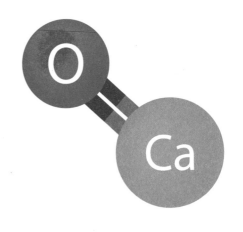

为什么石灰石在烈火焚烧的过程中会变成生石灰呢？事实上，这其中发生了一种化学反应，即碳酸钙（石灰石）在高温下，分解生成氧化钙（生石灰）和二氧化碳。我们可以这样理解：

$$CaCO_3 \xrightarrow{\text{高温}} CaO + CO_2$$

我们再来看"粉骨碎身浑不怕"这句，描述的是生石灰在水中变成熟石灰粉的过程，这里也隐藏着一种化学变化，即氧化钙（生石灰的主要成分）和水发生化学反应，生成氢氧化钙（熟石灰粉的主要成分）。化学方程式为：

$$CaO + H_2O = Ca(OH)_2$$

诗中最后一句"要留清白在人间"，其实说的是用熟石灰砌砖抹墙后，墙壁会变得洁白坚固。当然，诗人也借此表达了自己要把高尚气节留在人间的情怀。

遇见科学家：贝采利乌斯

我们都知道元素符号通常是由一个或两个拉丁字母表示，比如上面提到的碳酸钙的分子式用 $CaCO_3$ 来表示，其中包含了钙元素（Ca）、碳元素（C）和氧元素（O），而且从分子式中我们还可以看出来，1 个碳酸钙分子由 1 个钙原子、1 个碳原子和 3 个氧原子组成，非常清晰。

那么，你可能会好奇，这种聪明地用拉丁字母表示元素的方法，是谁想到的呢？这位科学家名叫永斯·雅各布·贝采利乌斯（1779—1848），他也是一位著名的化学家。

贝采利乌斯出生在瑞典东约特兰省的林雪平，他的父亲是这个地区一所小学的校长。然而不幸的是，在贝采利乌斯 4 岁的时候，他的父亲就因病去世了。为了抚养他和 2 岁的妹妹，母亲改嫁给了一位牧师。这位牧师的前妻也是因病离世，他独自抚养着 5 个孩子。

但没想到，在两年后，贝采利乌斯的母亲也去世了。幸运的是，这位牧师是一位非常善良的继父，他对贝采利乌斯兄妹俩，就像对待自己的孩子一样进行培养和教育。尽管牧师并不富有，但是他为了孩子们，费尽心思筹措了一笔钱，请了一位博学的家庭教师到家里辅导这七个孩子。

这位老师不仅传授知识，而且还经常带着孩子们去接触大自然，贝采利乌斯由此全身心地爱上了大自然，观察和思考能力也不断提高。

1793年，贝采利乌斯进入了当地的林雪平中学。在学校里，他对自然科学课程尤其喜欢，经常搜集各种动植物的标本进行研究。

中学毕业后，贝采利乌斯希望能够继续学习，于是，在征得继父的同意后，1796年，17岁的贝采利乌斯来到了瑞典最古老的大学城——乌普萨拉。他通过了入学考试，成为一名乌普萨拉大学的学生。

不过，上大学需要一笔不小的费用，而继父没办法为他提供更多的上学资金，所以贝采利乌斯只好一边给别人当家庭教师，一边完成学业。

其实贝采利乌斯在一开始更喜欢研究医学和生物，对化学并不感兴趣。这导致了他在大学三年级时化学成绩排在了全班最后。可是，不甘落后的贝采利乌斯开始主动学习化学，并阅读一些化学家的著作。随着学习的深入，贝采利乌斯对化学的兴趣越来越浓厚了，他开始痴迷于化学实验和化学知识。

他在学校里重新做了拉瓦锡等化学家的实验；他还利用暑假休息的时间，学会了焊接和制造玻璃器皿，为实验室工作打下了基础；他照着意大利科学家伏特的伏打电池原理，自己制作了一个电池，并研究了电流的特性和医疗效用。

1802年，23岁的贝采利乌斯获得医学博士学位，并在同一年，被瑞典皇家医学会聘为斯德哥尔摩医学院的讲师，他开始了自己的

教学生涯。在学院里，贝采利乌斯相继给学生们开设了医学、植物学和药学的课程，不久以后他又开设了自己热爱的化学课。

在进行紧张的教学活动的同时，贝采利乌斯也积极地投入到科研活动中。1803年，贝采利乌斯与另一位化学家在进行化合物分解的研究中，共同发现了化学新元素——铈，同时也精确地测定了这种新物质的性质。就这样，年仅24岁的贝采利乌斯在化学界出了名。

1806年，贝采利乌斯开始动手编写生理化学教科书，同年，他第一次把"有机化学"的概念引入了教学之中。1808年，他着手编写了《化学教程》一书，这是日后许多国家的几代化学家都学过的一部教科书，对近代化学的发展做出了巨大的贡献。

当然，贝采利乌斯对化学最大的贡献之一，就是首次提出以元素符号来代表各种化学元素，即用化学元素的拉丁文名表示元素。而如果元素第一个字母相同，就附加第二个小写字母加以区别，例如Na与Ne、Ca与Cu等。

这就是我们一直沿用至今的化学元素符号系统。他的元素符号编制系统，公开发表在1813年的《哲学年鉴》上。一年之后，贝采利乌斯又撰文论述了化学式的书写规则。他把各种原子的数目以数字的方式，标在元素符号的右上角，例如 CO^2、SO^2、H^2O 等（后来改为放在右下角）。

贝采利乌斯关于元素符号及化学式的表示方法，远比道尔顿等以往用小圆圈表示的方法简便、清晰，因此，很快就被科学界所接受。

除了建立化学元素的命名系统以外，贝采利乌斯还以氧作标准，测定了四十多种元素的原子量；并发现和首次分离出硅、钽、锆等好几种元素；还提出了"电化二元论"和"催化"的概念。他的成果卓越，一生投入于科学研究当中，直到56岁才结婚。

贝采利乌斯没有子女，在晚年时，他把更多的精力放在培养学生身上。在他的学生里，有很多人在日后成了化学家。贝采利乌斯曾经写道：在我的眼中，学生比任何成就都更重要。至于我，只要睡醒时看到头上有天花板，脚下有地板就满足了。

令人惋惜的是，贝采利乌斯由于长期紧张忙碌的工作，积劳成疾，在69岁的时候病逝。他永远地离开了他所热爱的化学事业和自己心爱的学生们。为了纪念他对化学事业的卓越贡献，瑞典政府在首都斯德哥尔摩修建了他的雕像。

神奇的化学反应

在贝采利乌斯的努力下，化学元素有了更为清晰和简便的表达方式，科学家们可以通过抽象的字母与符号来表述化学反应的过程。比如在《石灰吟》这首诗中，我们在前面讲到，石灰石经过一系列的加工变成了生石灰，化学过程可以表述为：

$$CaCO_3 \xrightarrow{\text{高温}} CaO+CO_2$$

在化学里，我们把这种有新的物质生成的变化过程叫作化学反应，这种变化叫作化学变化。

一般而言，化学反应不单单是形成新的物质，还通常伴随着发光、发热、释放出气体、产生沉淀或者颜色的变化。在学习化学的过程中，对于化学反应的积累非常重要，它对于我们了解物质的性能以及合成新的化学物质有着重要的影响。

化学反应，就如一根纽带，连接着各种物质。大千世界中，化学无处不在。在化学反应的魔法世界里，很多不可能的事都可以变成现实。化学反应是热烈的，很多的化学反应在常温下就可以进行，并且非常地剧烈；化学反应也是含蓄的，有些化学反应需要在很苛刻的条件下才能够发生。不过不管条件如何，化学反应将会彻底地改变物质的组成和性质。

有些化学反应还需要催化剂，催化剂很神奇，会让化学反应变得更为顺畅，如果我们利用得当，化学反应将更能实现人为可控。

化学反应，不仅仅是一个过程，也体现了一种物质之间的"喜怒哀乐"。接下来，我们将通过一个有趣的实验来感受化学反应。

天气冷的时候，你可能用过暖宝宝来取暖，那么暖宝宝为什么能发热呢？接下来让我们通过实验来寻找答案。

小实验：自制暖宝宝

实验准备：

扫描二维码
就可观看视频

铁粉、吸水粉、食盐、水、烧杯和自封袋。

实验步骤：

将吸水粉倒入装有水的烧杯中，待水完全被吸水粉吸收。

将杯中的吸水粉倒入自封袋。

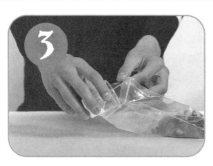

再将铁粉、食盐分别倒入自封袋后封口。

用手反复揉匀自封袋，你会发现越来越热，这是为什么呢？

事实上，在这个试验中，我们自制的暖宝宝之所以能够发热，是因为铁与氧气和水蒸气发生吸氧腐蚀，生成氢氧化铁。化学方程式为：$2Fe + O_2 + 2H_2O = 2Fe(OH)_2$。

这种化学反应为放热反应，所以我们能够感觉到发热。不过有的同学就会问了，铁粉发热是因为和水、氧气产生了化学变化，为什么还要放入食盐呢？

其实，这是因为在自然条件下，铁的氧化反应比较缓慢，发热并不明显，但是放入了食盐之后，加快了铁氧化的速度，所以放热会更为明显。所以，在这个化学反应的过程中，食盐起到了催化剂的作用。看到这里，相信你应该明白了吧。

什么是化合反应?

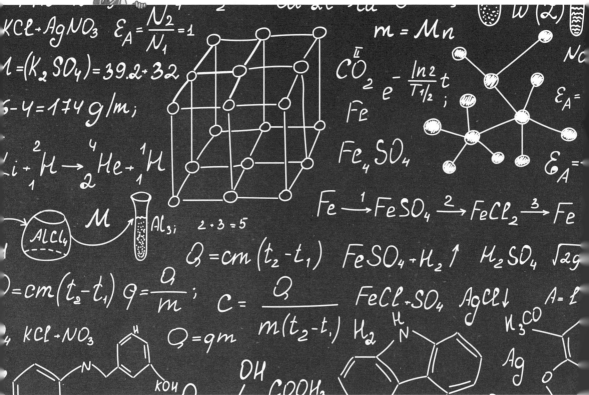

在前面的实验中，铁、氧气和水通过化学反应生成了一种新的物质——氢氧化铁，并释放出热量，在化学上，我们把这种由两种或者多种物质生成一种新物质的反应叫作化合反应。

化合反应一般是氧化还原反应，但是也有部分反应不是氧化还原反应。其实，我们所熟知的化学反应有很多都是化合反应，具体可以分为以下几类。

① 金属和氧气反应，生成金属氧化物。根据金属的活性不同，这种化学反应所需要的条件也不同，如在干燥空气中，钠与氧气在常温

下反应生成氧化钠，而铁单质则需要在点燃的条件下与纯氧气发生反应生成四氧化三铁。

② 非金属和氧气反应，生成非金属氧化物。如氢气和氧气在点燃的条件下反应生成水；碳和氧气反应则生成二氧化碳。

③ 金属和非金属反应生成盐。如金属钠可以在氯气中燃烧，生成氯化钠。此外，氢气也可以与非金属反应，生成相应的酸，如单质硫和氢气反应，生成硫化氢。

④ 氧化物和水反应生成相应的碱或者酸。当该氧化物为碱性氧化物时，如氧化钠与水反应，会生成氢氧化钠；当氧化物为酸性氧化物时，如二氧化碳与水反应，会生成碳酸。

⑤ 酸性氧化物和碱性氧化物在一起反应时会生成盐，不过该盐为含氧酸盐，如氧化钠和二氧化碳反应生成碳酸钠。

什么是分解反应？

通过化合反应，几种物质可以变成一种物质。那么你可能也想知道，一种物质可以变成几种物质吗？

在化学上，这个是可以实现的，我们可以形象地把这个过程叫作分解反应，从某种程度上来说，它就是化合反应的逆过程。通过分解反应，化合物可以分解成为两种或者多种的单质或者化合物了。

分解反应也是四大基本类型的化学反应之一，典型的分解反应有以下三种：

① 化合物分解成为单质。这种类型的分解反应很多，如通过电解的方法，水就会分解成为氢气和氧气；在加热的条件下，碘化氢就会分解成为碘单质和氢气。

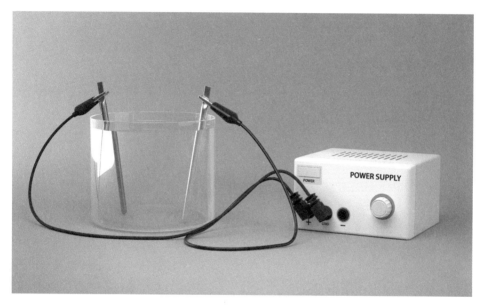

② 化合物分解成为单质和化合物。这种类型的分解主要集中在制备单质气体上面，如过氧化氢（双氧水）通过加热或者在二氧化锰催化的条件下可以分解，生成化合物水和氧气；氯酸钾在加热的条件下，特别是在有催化剂二氧化锰的参与时能够分解成为氯化钾和氧气。

③ 化合物分解成为化合物。我们比较熟知的反应有碳酸钙（石灰石）在加热的条件下生成氧化钙（生石灰）和二氧化碳；还有碳酸氢钠在加热的条件下容易分解成为碳酸钠、二氧化碳和水；除了碳酸氢盐，铵盐也特别容易分解，并且有氨气放出。

化学反应可以逆转吗？

化学反应很神奇，不仅能够产生新的物质，还常常会伴有发光发热的现象。好奇的同学可能会问：这些化学反应会不会也可以逆转回去呢？

其实，化学反应并非总是像我们想象的那样单向进行，在许多情况下，化学反应的过程中会同时发生可逆反应。

在化学领域，我们把在同一条件下，同时向生成物和反应物两个方向进行的化学反应叫作可逆反应。我们把反应物转化为生成物的过程叫作正反应，而将从生成物重新转化为反应物的过程叫作逆反应。

可逆反应具有普适性，尽管在常温常压下，有些化学反应不是可逆反应，但是通过改变反应条件，如在高温高压下，这些化学反应可以转变成可逆过程。

可逆反应不是一个静态的化学平衡，而是正反应和逆反应同时在进行，只是二者相互抵消，看似没有反应发生。因此，可逆反应实际上是一种动态的平衡。由此，我们也可以得出一些可逆反应的特点。

① 反应物不可能 100% 完全转变为生成物。

② 可逆反应中的正反应和逆反应是同时进行的，即在同一时间内都会发生。

③ 正反应速率和逆反应速率都是随着外界条件的变化而同时增大或减小，最终会达到新的平衡。

为了更好地表示可逆反应，我们在书写化学方程式的时候使用双箭头来表示可逆反应。

A + B ⇌ C + D

反应物　　　　　　　　生成物

诗词加油站

表达爱国情怀的古诗词

于谦通过《石灰吟》这首诗借物抒情，表达了自己立志于报效国家的精神。其实，在古诗词中也有不少表达爱国情怀的作品，让我们一起来了解一下。

《从军行七首·其四》

唐 王昌龄

青海长云暗雪山，
孤城遥望玉门关。
黄沙百战穿金甲，
不破楼兰终不还。

《示儿》

宋 陆游

死去元知万事空，
但悲不见九州同。
王师北定中原日，
家祭无忘告乃翁。

《塞上曲二首·其二》

唐 戴叔伦

汉家旌 (jīng) 帜满阴山，
不遣胡儿匹马还。
愿得此身长报国，
何须生入玉门关。

《送人赴安西》
唐 岑(cén)参

上马带胡钩，翩翩度陇头。

小来思报国，不是爱封侯。

万里乡为梦，三边月作愁。

早须清黠(xiá)虏，无事莫经秋。

《过零丁洋》
宋 文天祥

辛苦遭逢起一经，干戈寥(liáo)落四周星。

山河破碎风飘絮，身世浮沉雨打萍。

惶恐滩头说惶恐，零丁洋里叹零丁。

人生自古谁无死？留取丹心照汗青。

《破阵子·为陈同甫赋壮词以寄之》
宋 辛弃疾

醉里挑灯看剑，梦回吹角连营。

八百里分麾(huī)下炙(zhì)，五十弦翻塞外声。

沙场秋点兵。

马作的(dì)卢飞快，弓如霹雳弦惊。

了(liǎo)却君王天下事，赢得生前身后名。

可怜白发生！

你从上面这些诗词中，感受到满满的爱国情怀了吗？等将来掌握了科学技术，你是否愿意报效祖国呢？

思考题

① 生活中很多的现象其实都和化学反应有关，请你仔细想一想，看看能不能举出一些实例，并查查看其中存在哪些化学变化？

② 在自制暖宝宝的实验中，我们感受到了暖宝宝发热的过程。从能量守恒的角度来说，你知道暖宝宝的热能是从何处转化而来的吗？

⑤ 投泥泼水愈光明，烁玉流金见精悍
——碳和炭是同一种物质吗？

"投泥泼水愈（yù）光明，烁（shuò）玉流金见精悍（hàn）。"
出自宋代大诗人苏轼的《石炭》一诗，全诗为：

君不见前年雨雪行人断，城中居民风裂骭（gàn）。

湿薪（xīn）半束抱衾（qīn）裯（chóu），日暮敲门无处换。

岂料山中有遗宝，磊落如磐万车炭。

流膏（gāo）迸（bèng）液无人知，阵阵腥风自吹散。

根苗一发浩无际，万人鼓舞千人看。

投泥泼水愈光明，烁玉流金见精悍。

南山栗林渐可息，北山顽矿何劳锻。

为君铸（zhù）作百链（liàn）刀，要斩长鲸为万段。

诗词赏析

译文： 你难道看不见去年的雨雪让行人寸步难行，城里的居民被风撕裂着小腿。即使抱着昂贵的丝绸想换半捆湿柴，太阳落山了也没地方换。其实大山深处就有宝藏，就是那一车车黑色的煤炭。可惜这些宝贵的财富无人知道，只能任凭它被风化。煤苗被发现后找到了大量的煤炭，这是多么令人欢欣鼓舞。炽热的煤炭浇上水后，变得更加晶莹光亮，它酷热的温度能将金石融化。有了煤炭，不必再去伐木烧炭，也不愁炼铁时缺乏火源。用煤炭冶炼矿石，融化成铁水可以铸造各种链刀，一定能把长鲸斩为万段。

苏轼的这首诗恢宏大气，赞叹了煤炭是一种优质的能源，能够帮助百姓驱赶寒冷，也可以用于铸铁，改善国家的武器装备。

苏轼

苏轼（1037—1101），字子瞻、和仲，号铁冠道人、东坡居士，世称苏东坡、苏仙。眉州眉山（今四川省眉山市）人，祖籍河北栾城。北宋著名文学家、书法家、画家。历史治水名人。苏轼是北宋中期文坛领袖，在诗、词、散文、书、画等方面取得很高成就，他的诗题材广泛，清新豪健，善用夸张比喻，独具风格。

诗词中的哲理

这首诗创作于苏轼在徐州任职太守期间。据记载，当时苏轼深知徐州人民对煤炭的迫切需求，也知道煤炭对金属冶炼的重要性，于是在任职期间曾组织人力勘找煤苗，开发和利用煤炭，体现了他为国为民的务实精神。

煤炭是黑乎乎的，看上去并不讨人喜欢，但却蕴藏着巨大的能量。如果你知道煤炭的重要作用，一定会对它刮目相看。这也告诉我们一个道理：在看待人和事物上，不应该光看表面，只有充分了解之后，我们才能做出更准确的判断。

我们之前提到过很多和"碳"有关的化学名称，比如一氧化碳、二氧化碳、碳酸钙等，有趣的是，"碳"由"石"字和"炭"字组成，那么苏轼笔下的"炭"和"碳"是一种物质吗？

诗中说到"投泥泼水愈光明"，指的是高温环境下，把水滴到炽热的煤炭上的一种情景。那么在这个过程中，会有哪些化学变化出现呢？带着这些问题，让我们往下看。

炭和碳是同一种物质吗?

学习了前面的内容,同学们对物质和化学元素应该有了一定的了解。碳是一种重要的化学元素,它的元素符号是 C。在化学领域,有机化合物通常都是含碳的化合物,而许多与生命活动直接相关的有机化合物也是生命产生的基础物质。

《石炭》中的炭指的是煤炭,有的地方也叫作石炭,是一种固体可燃性矿物。在没有电力的古代,煤炭是人类使用的重要能源之一。煤炭的形成是非常复杂的,简单来说,它是远古植物残体在地下经历了复杂的生物化学变化及物理化学变化而形成的。

我们需要明确的是,煤炭是一种宏观上的物质,而碳是微观的元素,两者在本质上并不相同。当我们深入研究煤炭的化学成分,不难发现,它主要是由碳、氢、氧、氮和硫等元素组成的,此外还有极少量的磷、氟、氯和砷等元素。其中，碳、氢、氧这 3 种元素是煤炭中有机质的主体，它们的质量可以占到总质量的 95% 以上。

煤炭可以作为燃料，是因为其中的碳、氢等元素在燃烧时会产生热能，一方面可以用于取暖，另一方面热能还可以转化为其他的能量，例如机械能等。在历史的很长一段时间里，蒸汽机火车的主要燃料就是煤炭，通过燃烧煤炭产生的热能，转化为机械能，带动火车前进。

所以，煤炭是一种非常重要的燃料，它含有丰富的有机物，难怪苏轼在诗中如此赞扬它。而碳是一种化学元素，是煤炭的重要组成元素之一。

把水浇在**热炭上**
会发生什么？

《石炭》一诗中提到，把水泼到炽热的煤炭上，煤炭会变得明亮，能够产生非常高的温度。你知道吗？这个过程中，煤炭中的主要成分碳和水发生剧烈的化学反应，会产生两种可燃性的气体——一氧化碳（CO）和氢气(H_2)。化学反应方程式为：

$$C + H_2O \xrightarrow{\text{高温}} CO \uparrow + H_2 \uparrow$$

我们可以看到在这个化学反应中单质碳和化合物水发生了反应，生成了另外一种单质（氢气）和化合物（一氧化碳），在化学上，我们把单质与化合物反应生成另外的单质和化合物的化学反应叫作置换反应。

置换反应是常见的四种化学反应中的一种，另外三种分别是：

化合反应：由两种或两种以上的物质生成一种新物质的反应；

分解反应：由一种物质生成两种或两种以上其他物质的反应；

复分解反应：两种化合物互相交换成分，生成另外两种化合物的反应。

炽热的煤炭碰到水会产生氢气和一氧化碳的混合物，这种气体混合物又被称为水煤气，水煤气具有可燃性，所以在工业上也可以被作为一种气体能源使用。

但是这里我们要提醒同学们注意，水煤气中的一氧化碳是一种有毒气体，如果大量吸入是有生命危险的。

一氧化碳是一种无色、无味的气体，非常具有隐蔽性，当其进入人体后，它一点点阻断血液中的氧气，直接和血红蛋白结合，当血红蛋白不能和氧气结合后，造成人体缺氧，慢慢地，整个人就会窒息而亡。

在过去暖气不普及的年代，很多家庭会在冬天烧煤炉取暖。在通风不畅的情况下，煤炭不完全燃烧产生的一氧化碳聚集在室内，容易发生一氧化碳中毒死亡事件。

二氧化碳和温室效应

说完了一氧化碳，我们再来聊聊另一种常见的含碳气体——二氧化碳。

很多同学都关心我们地球的环境，也意识到地球有逐渐变暖的趋势，科学家们把这一现象叫作温室效应。但是，到底是什么产生温室效应的呢？温室效应和二氧化碳有什么关系呢？

二氧化碳是最主要的地球温室效应气体之一。由于工业的发展，它的排放量越来越大，能够将二氧化碳转化为氧气的绿色植物越来越少，从而导致温室效应的出现。

二氧化碳是一种无机化合物，化学式为 CO_2，它在空气中也有微量的存在。二氧化碳是无色无臭气体。它的密度是 1.977 克 / 升，比空气密度大，并且能够溶于水，和水发生反应，能够生成碳酸。

二氧化碳还有很多的别名：固态的二氧化碳叫作干冰；由于二氧化碳与水可以形成碳酸，因此，它也叫作碳酸酐或者碳酸气。

别看二氧化碳在空气中比较稳定，其实它是一种比较活跃的化学物质。除了与水反应生成碳酸之外，它还可以与碱性物质发生反应，如与氢氧化钠在不同条件下反应会生成碳酸钠或碳酸氢钠。虽然二氧化碳在氧气中不能燃烧，但是有些活泼金属能够在二氧化碳中燃烧，生成相应的金属氧化物以及单质碳。

二氧化碳虽然会产生温室效应，但它也有很多重要的用途，如可以用于碳酸饮料、啤酒的生产中，增加口感；还可以应用在人工降雨技术中，调节气候和缓解旱情；在工业生产中也还有很多其他重要用途。

遇见科学家：舍勒

　　在化学的历史上，有很多著名的科学家都对气体做过深入的研究，比如我们之前讲到的拉瓦锡，还有英国化学家普利斯特利，而接下来我们要说的这位科学家，也是对气体有过深入研究，并取得诸多成就的化学家，他就是卡尔·威尔海姆·舍勒（1742—1786）。

　　舍勒出生在 1742 年的冬天，由于家境贫寒，他从小没有接受到良好的教育，只是勉强上完了小学就辍学了。14 岁，本该在中学里读书的舍勒，却因为家庭的困难而不得不到哥德堡一家药店当起了小学徒。

　　这家药店有一位年龄很大的药剂师名叫马丁·鲍西，他非常有学问，而且还有很高超的实验技巧，也是当地一位备受尊重的名医。鲍西在闲暇之余喜欢读书，这对舍勒有很大的影响，舍勒也跟着鲍西阅读很多医学、化学等方面的书籍，知识增长得很快。

　　不仅如此，舍勒在下班之后还自己动手，制造了很多实验用的仪器，晚上就在房间里做各种各样的实验。据说有一次舍勒在实验的过程中发生了小爆炸，这让药店的同事们产生了非议，最后还是在鲍西的支持和保护下，舍勒才没有被赶出药店。

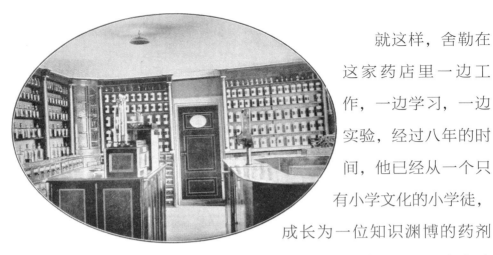

就这样，舍勒在这家药店里一边工作，一边学习，一边实验，经过八年的时间，他已经从一个只有小学文化的小学徒，成长为一位知识渊博的药剂师。与此同时，他还积攒了将近 40 卷的化学著作，以及一套实验仪器。

后来，舍勒所在的药店因为经营不善而倒闭了，舍勒只好带着他的书籍和实验器材，孤身一个人离开了哥德堡，在瑞典的各大城市游荡。后来，在乌普萨拉，舍勒又找到了一份药店的工作，这家药店的老板非常欣赏舍勒，还给他提供了居住的房子。就这样，舍勒的生活终于安定了下来，他一边在药店安心工作，一边做研究和实验。

舍勒所在的乌普萨拉学术氛围很浓，所以在这里，舍勒可以买到各种图书和科学文献。他很爱收藏图书，每个月工作的收入基本上都被他用来买书了。当时化学作为一门科学，正在欧洲大陆上兴起，舍勒对此也非常着迷，于是他开始全身心投入到化学研究中，并接连发表论文，于1775年当选为瑞典科学院成员。

他是氧气最早的发现者之一，并对氧气的性质作了深入的研究。1767年，23岁的舍勒对亚硝酸进行了实验。起初，他加热硝石得到一种称为"硝石的挥发物"的物质，但对这种物质的性质和成分还不清楚。舍勒反复加热硝石时，发现加热到一定程度后，会放出干热的气体，这种气体遇到烟灰的粉末就会燃烧，并放出耀眼的光芒。这种现象引起了舍勒极大的兴趣，他把这种气体命名为"火气体"（其实就是我们今天所熟知的氧气）。他在1773年就可以用多种方法制得比较纯净的氧气。

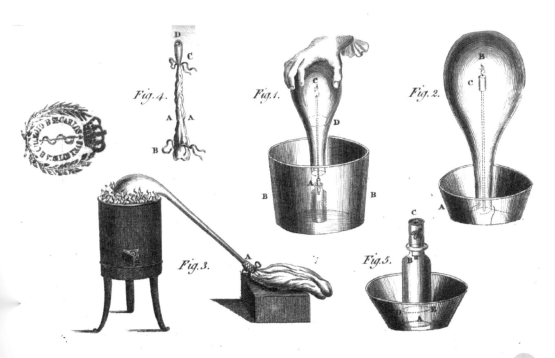

除了发现氧气以外，舍勒还接连发现了氯气和多种无机酸，同时对氯化氢、一氧化碳、二氧化碳、二氧化氮等多种气体都有深入的研究。舍勒一生发现了至少8种元素（氧、氮、氯、氟、锰、钡、钼、钨），这是前无古人后无来者的。

据记载，舍勒在一生中完成了近千个实验，留下上百万字的实验记录。

因为长期大量地接触化学物质和一刻不停地工作，舍勒的身体状况变得越来越差。1786年，舍勒在和自己相恋10年的女友结婚后的第三天，就离开了人世，年仅44岁。

舍勒短暂的一生有大部分时间都是在药房度过的，所以他也常常被人称为"药房里的化学家"，但舍勒对化学的贡献是无比巨大的，在无机化学、有机化学、分析化学，甚至是矿物化学、生物化学等诸多方面，他都有了不起的成就。

听到二氧化碳可以用来制造汽水，相信很多同学都一下子来了精神，接下来，就让我们动手制作饮料吧。

小实验：柠檬汽水

扫描二维码
就可观看视频

实验准备：

一杯水、小苏打、柠檬汁、矿泉水瓶。

实验步骤：

将小苏打和水倒入矿泉水瓶中摇匀。

将柠檬汁倒入矿泉水瓶中后，迅速将盖子拧紧，然后摇晃水瓶。

摇晃的过程中，每隔一会儿捏一下瓶子，你会感觉到瓶子因为充满气体而变得越来越硬——汽水制成了！

　　我们平常喝的汽水，即碳酸饮料，里面的"汽"指的是二氧化碳。碳酸汽水给人的那种刺激感就是因为二氧化碳在水中形成碳酸的缘故。

　　在这个实验中，小苏打与柠檬汁发生反应，在瓶中生成大量二氧化碳气体。因为瓶子是个密闭空间，所以随着气体的不断生成，瓶子内压强会变大，变大的压强又促使二氧化碳气体溶解到水中，最终形成了汽水。

　　当然，汽水虽然好喝，但也不宜多喝。一方面，碳酸饮料中通常加入了大量的糖，糖的摄入量过多，会引发一系列健康问题。另一方面，研究人员还发现，与不过量饮用碳酸饮料的人相比，长期过量饮用碳酸饮料的人发生骨折的风险也会大幅增加。

什么是有机化合物？

在这一章的最后，我们再来说说化学中常见的物质分类。通常来说，我们把只含有一种化学元素的物质叫作单质，比如我们提到过的氢气（H_2）、氧气（O_2）、铁（Fe）、碳（C）、硫（S）等。

而由两种或两种以上化学元素组成的物质，我们称之为化合物。比如之前提到的碳酸钙（$CaCO_3$）、硫酸（H_2SO_4）、一氧化碳（CO）、二氧化碳（CO_2）等。

不过在诸多的化合物当中，还可以分为有机化合物和无机化合物。通常来说把含有碳的化合物叫作有机化合物，不过一些简单的含有碳的化合物，如一氧化碳、二氧化碳、碳酸及碳酸盐等除外。

有机化合物还可以简称为有机物。从元素组成的角度来看，除了含碳以外，大多数有机化合物还都含有氢元素，很多有机化合物还含有氧、氮、硫、磷等元素。

那么有机化合物重要还是无机化合物重要呢？这个问题很难回答，只能说无机化合物和有机化合物都很重要。水、氧气等无机物是生命之源，蛋白质和核酸等有机物是机体重要的组成基元。但是从数量的角度来说，有机化合物种类繁多，数目庞大，而无机化合物则比它少多了。

地球上所有的生命体，主要都是由有机化合物组成的。生命体中的有机化合物很多我们都很熟悉，例如蛋白质、核酸、脂肪、糖等。这些有机物之间的相互作用和转化涉及我们生命体内的新陈代谢和基因遗传。为了让生命体能够更健康，人工合成的有机药物一直是研究的热点。通过让药物中含有针对性的有机分子，使其对特定的疾病起效，达到最终治愈疾病的目的，会让我们的生活更美好。

诗词加油站

表达对民众关怀的古诗词

在《石炭》这首诗中，苏轼除了歌颂煤炭对于国家和社会的巨大作用外，也表达出对当时民众生活疾苦的关怀。其实古代很多文人也都具有体恤百姓的高尚情怀，我们可以在下面这些作品中品读出来。

《官仓鼠》
唐 曹邺（yè）

官仓老鼠大如斗，
见人开仓亦不走。
健儿无粮百姓饥，
谁遣朝朝入君口。

《秋夜将晓出篱门
迎凉有感·其二》
宋 陆游

三万里河东入海，
五千仞岳上摩天。
遗民泪尽胡尘里，
南望王师又一年。

《四时田园杂兴·
其三十一》
宋 范成大

昼出耘田夜绩麻，
村庄儿女各当家。
童孙未解供耕织，
也傍桑阴学种瓜。

《雪》
唐 罗隐

尽道丰年瑞，
丰年事若何。
长安有贫者，
为瑞不宜多。

《宿五松山下荀（xún）媪（ǎo）家》

唐 李白

我宿五松下，寂寥无所欢。

田家秋作苦，邻女夜舂（chōng）寒。

跪进雕胡饭，月光明素盘。

令人惭（cán）漂母，三谢不能餐。

《卖炭翁》

唐 白居易

卖炭翁，伐薪烧炭南山中。

满面尘灰烟火色，两鬓苍苍十指黑。

卖炭得钱何所营？身上衣裳口中食。

可怜身上衣正单，心忧炭贱愿天寒。

夜来城外一尺雪，晓驾炭车辗（niǎn）冰辙（zhé）。

牛困人饥日已高，市南门外泥中歇。

翩翩（piān）两骑来是谁？黄衣使者白衫儿。

手把文书口称敕（chì），回车叱（chì）牛牵向北。

一车炭，千余斤，宫使驱将（jiāng）惜不得。

半匹红纱一丈绫，系（xì）向牛头充炭直。

从上述几首诗中，你能读出封建社会劳动人民生活的疾苦吗？

相信你有所了解之后，会更加珍惜我们今天来之不易的幸福生活。

思考题

① 人类历史上有很长一段时间都在使用煤炭作为主导能源，随着科技的进步，后来逐渐转向更为环保的电力，在未来，你觉得人类还可以探索和利用哪些新的能源？

② "碳排放"过多不仅会导致温室效应，让全球气候变暖，而且还可能会带来其他的环境问题。对于"碳排放"，你能想到哪些改善的方法呢？

❻ 爆竹声中一岁除，春风送暖入屠苏
——爆竹为什么能爆炸？

"爆竹声中一岁除，春风送暖入屠（tú）苏。"这一诗句出自北宋文学家、思想家王安石的《元日》，全诗为：

爆竹声中一岁除，春风送暖入屠苏。

千门万户曈曈（tóng）日，总把新桃换旧符。

诗词赏析

译文：在爆竹声中，旧的一年已经过去，在和煦的春风下，迎来了新的一年，人们开怀畅饮屠苏酒。早晨升起的太阳照耀着千家万户，大家忙着把旧的桃符取下，换上了新的桃符。

这是一首描写人们迎接新年的即景之作，取材于民间习俗。诗人非常准确地把握住了老百姓过春节时的典型细节——点燃爆竹、饮屠苏酒、换新桃符，充分表现出过年的欢乐气氛，让人感到浓厚的节日气息。

诗人小档案

王安石(1021—1086)，字介甫，号半山。抚州临川（今江西抚州）人。北宋著名政治家、思想家、文学家。庆历进士。1070年拜相，七年罢相，次年再相，九年再罢，退居封荆国公，世人又称其为荆（jīng）公。其散文雄健峭拔，为"唐宋八大家"之一；诗歌道劲清新。著有文集《临川先生文集》《王文公文集》等。王安石流传最广的诗句莫过于《泊船瓜洲》中的"春风又绿江南岸，明月何时照我还"。

诗词中的哲理

据历史记载，王安石在创作《元日》这首诗的时候，宋朝正面临政治、经济和边疆外敌侵扰的困境。1068 年，王安石上书宋神宗主张变法，并于第二年主持变法。同年新春的时候，王安石联想到变法可能给国家带来的新气象，创作了这首诗。

在我们日常的学习和生活中，也可能会存在一些固有的坏习惯或思维方式，阻碍着我们前进。所以，我们应该定期审视自己，尝试用新的习惯或新的思维理念来代替原有的，只有这样，我们才能不断取得进步。

根据历史记载，自我国南北朝时期开始，人们就习惯在春节时点燃爆竹，用来驱除邪魔鬼怪。当然，这世界上并没有什么邪魔鬼怪，但过年时放爆竹的习俗被传承了下来。

你放过鞭炮、看过烟花表演吗？当我们点燃爆竹后，会听到震耳欲聋的响声。如果是烟花，还会看到五颜六色的火花在空中绽放。那么，爆竹里究竟装的是什么呢？

为什么爆竹能爆炸?

俗话说"爆竹声声除旧岁",千百年来,用放爆竹、写春联的方式来辞旧迎新,是我们中国过年的传统习俗。爆竹距今已有上千年的历史,那么爆竹里装的到底是什么呢?

一直以来,爆竹的主要成分都是黑火药,黑火药的成分包括了硫黄、木炭和硝酸钾。

黑火药最早在唐代出现,其实当时的人们并不懂得化学反应。据传说,黑火药是当时炼丹者在无意中发明的。在炼丹(一种寻求长生不老、炼制所谓神奇药物的古老方术)的过程中,有人发现硝石、硫黄和木炭的混合物能够燃烧爆炸,于是,黑火药的配方被记录了下来。

长生不老的丹药终究是无法被炼制出来的，但是黑火药却被应用了起来。一开始，古人将黑火药用于舞台和烟火杂技表演等，到了公元 10 世纪左右，黑火药被广泛应用在军事上，成为具有强大威力的武器。

例如北宋时期，为了抵御辽、西夏、金的进攻，军队里先后研制出火球、火药箭、火炮等武器。

黑火药被点燃时，会发生如下化学反应：

$$2KNO_3 + S + 3C === K_2S + N_2 \uparrow + 3CO_2 \uparrow$$

在这个化学反应的瞬间，产生大量的氮气、二氧化碳气体，使得体积急剧膨胀，压力猛烈增大，并释放出大量的热。当温度快速升高，高温会使气体进一步膨胀，从而产生强烈的推力，于是发生了爆炸。在爆炸时，固体生成物的微粒分散在气体里，往往有很多浓烟冒出，因此得名黑火药。

认识化学元素
——硫

黑火药的主要成分之一，就是硫黄，它是硫的一种俗称。我们平时一般很难见到，不过如果你有机会，可以细细闻闻火柴或者鞭炮，里面就有一种特殊的味道，发出这种味道的就是硫黄。硫黄到底是什么呢？

硫黄，名副其实，就是一种淡黄色的物质，有一种类似臭鸡蛋的臭味。硫黄不太喜欢水，当把它放到水中时，它不会溶解；而当把它放到二硫化碳中时，硫黄就会如鱼得水，很容易溶解了。硫黄有个大家庭，在这个大家庭里有很多孪生的兄弟姐妹，我们将其叫作同素异形体，其中斜方硫、单斜硫和弹性硫是几种常见的异形体。

硫黄所含有的硫元素（化学符号 S）是个左右逢源的高手，它与氧气反应，可以生成二氧化硫；如果进一步氧化，会生成三氧化硫；它也能够与很多的金属或非金属反应，如跟铁发生共热反应生成硫化亚铁，跟碳在高温条件下生成二硫化碳。

虽然硫黄属于低毒的危险化学品，但是硫黄的蒸气以及燃烧后所产生的二氧化硫有剧毒，大家在使用硫黄时一定要小心。

硫酸是一种什么酸？

可能让你感到意外的是，硫元素是我们身体内蛋白质和细胞的重要元素，而且硫元素在化工领域的应用也是非常广泛的，可以用于硫化橡胶、纸张、染料、杀虫剂、药物等的生产。除了单质硫以外，含有硫的化合物也有很多的应用，其中应用最广泛的就是硫酸。

硫酸的化学分子式为 H_2SO_4，是由 2 个氢原子、1 个硫原子和 4 个氧原子组成的。硫酸是一种很常见的酸。硫酸最广泛的用途是在化肥工业；很多原电池的电解液也是硫酸。

在化学上，硫酸按照浓度不同，分为稀硫酸和浓硫酸。其中浓硫酸具有很明显的化学特性，主要包括 4 个性质：难挥发性、强吸水性、强腐蚀性、强氧化性。

浓硫酸的强吸水性可用作脱水剂。浓硫酸不仅可以脱去非游离态水分子（就是单独存在的水分子），还可以按照水的氢氧原子组成比，从有机物中去掉氢和氧元素。这是浓硫酸最为突出的一个特性。

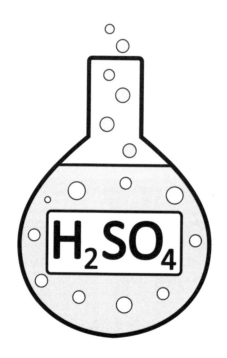

说到这里，可能同学们还是一头雾水。别着急，接下来，我们通过一个有趣的小实验，来感受一下浓硫酸的脱水能力。

小实验：白糖变黑

扫描二维码
就可观看视频

实验准备：

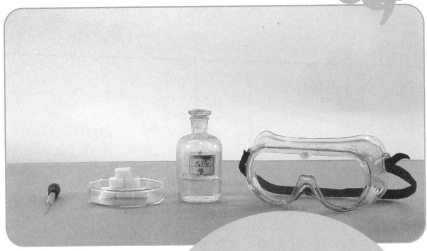

方糖数块、胶头滴管、培养皿、塑胶手套、护目镜、浓硫酸。

注意：浓硫酸是一种具有腐蚀性、吸水性的强酸溶液，皮肤一旦碰到它，会立刻被腐蚀、灼伤，所以做实验时要做好防护并小心操作。铁、铝、锌等金属也会被浓硫酸腐蚀，棉麻、木材等非金属也会被浓硫酸脱水，实验室一定要防止浓硫酸溅到周围的物品上。请监护人开展这项实验。

白色的方糖遇到浓硫酸，会有哪些惊人的变化？让我们一起来探索一下吧。

实验步骤：

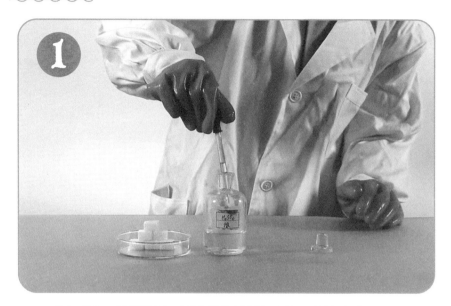

戴上手套、护目镜后，用滴管从试剂瓶中取一管浓硫酸。

将浓硫酸滴到培养皿内的方糖上，然后观察方糖的变化。

浓硫酸滴到方糖上之后，方糖的颜色先是变成棕黄色，最后变为黑色。这是什么原因呢？

白色的方糖能变成"黑糖"，其中的奥妙就在于糖和浓硫酸发生了脱水反应。

我们在前面讲过，浓硫酸有很强的吸水性，可以说是特别喜欢水，喜欢到什么程度呢？只要有水，它就会把水吸收过来，例如空气中有一些水蒸气，只要将其通入浓硫酸中，这些水蒸气就会被浓硫酸吸收。而对于一些化合物来说，虽然不含水，但浓硫酸会把其中的氢和氧元素以水的形式夺走，这就是脱水反应。

糖就是这么一种化合物，它主要由 C、H、O 三种元素组成，当加入浓硫酸时，糖中的氢和氧元素就会被夺走，最后只剩下黑黑的炭，所以白糖会变成"黑糖"。而由于浓硫酸还能与碳反应，生成气体，因此，"黑糖"会不断地膨胀；同时，由于整个过程在不断地放热，不仅会有热气冒出，还会发出"嘶嘶"的声音。

烟花为什么是五颜六色的?

在欢乐的节假日，我们很容易看到绚丽多彩的烟花，那么为什么烟花可以呈现出五颜六色呢?

在弄明白这个问题之前，我们先来了解一个常见的化学反应——焰色反应。当把某些金属或者它们的挥发性化合物在无色的火焰中灼烧时，火焰会呈现出特征的颜色，这种现象就叫作焰色反应。

我们常常使用酒精喷灯或者煤气灯来进行焰色反应，因为一般情况下，这些灯所发出的火焰颜色很浅，接近于无色。

钠元素（元素符号 Na）的焰色反应很容易观察到，食盐的主要成分是氯化钠，含有钠元素，放到无色的火焰中灼烧时，我们能够轻易地观察到黄色的火焰。

常见的钾元素（元素符号 K）也有焰色反应，当取一定的碳酸钾（分子式 K_2CO_3）溶液在火上灼烧时，隔着蓝色的钴玻璃，我们会看到紫色的火焰。隔着蓝色的钴玻璃是为了排除其他杂质元素对于紫色的干扰。

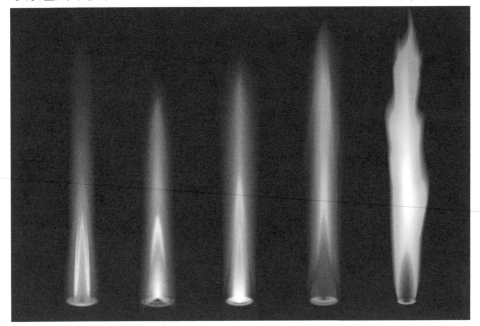

其他一些我们常见的元素，如锂元素（元素符号 Li）的焰色反应的颜色为紫红色；钙元素（元素符号 Ca）的焰色反应的颜色为砖红色；钡元素（元素符号 Ba）的焰色反应的颜色为黄绿色；锶元素（元素符号 Sr）的焰色反应的颜色为洋红色。

这些元素原子能够发出各种各样颜色的光的原因在于当它们被灼烧时，会吸收一定的能量，导致整体的能量有富余，多余的能量就以光的形式释放出来。每种元素的光谱都有一些特征谱线，发出特征的颜色就形成了各色的火焰了。

通过在烟花中添加各式各样的金属元素，当它们一起燃烧时，就会发出绚丽多彩的颜色。看到这里，你是否感觉到化学的神奇了呢？

遇见科学家：诺贝尔

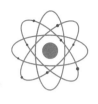

在诸多的化学家中，有一位化学家是专门研究"爆炸"的，他在极为危险的实验环境下，为人类发明了相对安全的炸药，并在自己离世前立下遗嘱，慷慨地捐出自己的大部分遗产用于设立奖金，表彰在化学、物理、生理或医学、文学及世界和平方面有突出贡献的人。他就是瑞典著名化学家、工程师阿尔弗雷德·贝恩哈德·诺贝尔（1833—1896）。

1833 年，诺贝尔出生在瑞典首都斯德哥尔摩，他的父亲伊曼纽尔·诺贝尔是一位企业家，同时也是一位发明家，所以诺贝尔从小在父亲的影响下，对科学产生了浓厚的兴趣。

不过在诺贝尔 4 岁的时候，他的父亲生意破产了，只能远走他乡寻求出路，诺贝尔的母亲不得不独自抚养诺贝尔和他的两个哥哥。当时家里生活太困难了，诺贝尔的两个哥哥不得不去卖火柴以减轻母亲的负担。虽然诺贝尔也想帮助母亲，但他自幼体弱多病，心有余而力不足。

1841 年，诺贝尔进了当地的约台小学，这是他一生中唯一接受正规教育的地方。由于总是生病，诺贝尔的出勤率并不高，不过他非常聪颖，学习成绩一直名列前茅。

上了不到两年小学，诺贝尔的父亲在当时的俄国开设了一家生产机械的工厂，事业有了很大的起色，于是诺贝尔的母亲带着三个孩子搬到了俄国的圣彼得堡，日子也逐渐变得好起来。诺贝尔的弟弟随后也降生了。

不过对于出生在瑞典的诺贝尔三兄弟来说，语言是一个很大的障碍，由于不懂俄语，他们没法进入当地学校接受正规教育。父亲请了一位非常博学的老师来家里专门教授三个孩子，既教俄语，也教英语和德语，以及自然科学。在老师的指导和督促下，诺贝尔的学习进步很快，并且对机械和物理充满了兴趣。

有时候，诺贝尔和兄弟们会去父亲的工厂玩，除了旋转的机械，诺贝尔还发现了更有趣的东西——黑色的火药。有一次，他把火药偷偷放在纸袋里带回家，并在漆黑的夜里点燃一些火药，他看到了美丽的火花，这让他感到无比的兴奋。

还有一次，诺贝尔偷偷把火药放在一个空罐子里，然后点燃罐子外连接火药的引火线，只听到"砰"的一声巨响，罐子被炸碎了，这一次惊动了家里所有的人，以至于父亲从此禁止他使用火药。

但这反而激发了诺贝尔的研究兴趣，他开始广泛阅读化学著作，并继续偷偷尝试把火药所用到的原料重新组合，看看点燃之后会有哪些不同效果。当然，这是一个非常危险的"游戏"，被父亲发现之后又被批评和禁止了。

1850 年，诺贝尔 17 岁时，他的两个兄弟已经在父亲的工厂里工作。而父亲安排他到法国学习化学，这让他开阔了视野，并且在学识上有了很大的提高。当然，背井离乡在法国学习的这段时间，诺贝尔也经常感到孤独，沉浸在文学作品中成了他闲暇时光里最大的慰藉。

结束了法国的学习后，诺贝尔又去了美国，在美国等地学习和生活了几年，对各国工业发展的情况都有了一定的了解。他意识到，化学作为一门科学，有着巨大的发展前景。

1860 年前后，诺贝尔的父亲带着弟弟回到了瑞典，开始研究炸药，几乎与此同时，诺贝尔也开始研究硝化甘油炸药，并于 1863

年返回瑞典，和父亲及弟弟共同开展研究。

硝化甘油是一种和黑火药截然不同的化学物质，是一种淡黄色的黏稠物质。1846 年，一位意大利的化学家索布雷罗发现了这种物质容易因震动而爆炸的特性，这引起了诺贝尔的兴趣，他认识到如果能够安全地控制和引爆硝化甘油，其在采矿、筑路和军事等领域将会有巨大的应用价值。

回到瑞典后，诺贝尔和父亲以及弟弟在自己建的小型工厂里进行了反复研究，但不幸的事情发生了。1864 年 9 月 3 日，由硝化甘油引发的一场爆炸，致使 5 人死亡，其中就包括诺贝尔的弟弟，诺贝尔的父亲也受了重伤。这场事故的发生，导致政府禁止他们在市内继续进行这样危险的实验。

这场意外对诺贝尔的打击无疑是巨大的，但是坚毅的诺贝尔，并没有因此而放弃继续研究炸药，他把实验室搬到了斯德哥尔摩外马拉伦湖上的一条船上。附近的人们躲这条船远远的，因为他们知道这条船上有个"疯子"在研究炸药。

功夫不负有心人！诺贝尔在晚些时候，成功地发明了硝化甘油的引爆雷管，并于 1867 年获得了专利，完成了他的第一项重大发明。

随后，诺贝尔父子在欧洲各地建厂，并不断改进炸药的安全性，相继发明了硅藻土炸药和胶质炸药，将它们应用在开矿、隧道挖掘等工程的施工中。诺贝尔的事业开始步入辉煌，他还投入到了石油行业，并于 1878 年成立了诺贝尔兄弟石油公司。

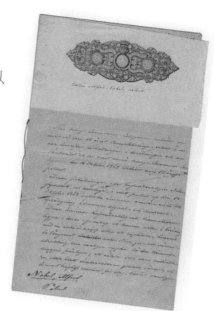

诺贝尔凭借炸药的专利和生产，以及经营石油公司，收获了巨大的财富。但是他对科学的热爱始终如一。50岁后，他还不断致力于各种发明创造，涉及化工、机械、电气等诸多领域。诺贝尔的一生中，有400多项发明，专利就有85项之多，并在欧美等20个国家开设了约100家公司和工厂，实在是令人感到惊叹。

更令人敬佩的是，诺贝尔在自己去世的前一年（1895年）留下遗嘱，无私地将自己超过900万美元的财产作为基金，以利息作为奖金，颁发给那些在科学、文学和对维护世界和平有贡献的人（后增设了经济学奖）。这就是自1901年开始，每年在诺贝尔逝世日（即12月10日）颁发的举世闻名的诺贝尔奖。

2011年，为了纪念化学家诺贝尔为人类做出的贡献，人造元素锘（Nobelium）以诺贝尔的名字命名。

诗词加油站

描写农历新年的古诗词

作为中国人最传统和最重要的节日，农历新年占据了非常重要的位置，在这样一个辞旧迎新的日子里，很多文人都会有感而发，用诗歌来抒发自己的情感。

《除夜雪·其二》
宋 陆游

北风吹雪四更初，
嘉（jiā）瑞天教及岁除。
半盏（zhǎn）屠苏犹未举，
灯前小草写桃符。

《除夜作》
唐 高适

旅馆寒灯独不眠，
客心何事转凄然。
故乡今夜思千里，
霜鬓明朝又一年。

《田家元日》
唐 孟浩然

昨夜斗回北，今朝岁起东。
我年已强仕，无禄（lù）尚忧农。
桑野就耕父，荷锄随牧童。
田家占气候，共说此年丰。

《新年作》
唐 刘长卿（qīng）

乡心新岁切，天畔独潸（shān）然。

老至居人下，春归在客先。

岭猿同旦暮，江柳共风烟。

已似长沙傅（fù），从今又几年。

《除夜》
宋 戴复古

扫除茅舍涤（dí）尘嚣（xiāo），一炷清香拜九霄。

万物迎春送残腊，一年结局在今宵。

生盆火烈轰鸣竹，守岁筵（yán）开听颂椒（jiāo）。

野客预知农事好，三冬瑞雪未全消。

《元日述（shù）怀》
唐 卢照邻

筮（shì）仕（shì）无中秩（zhì），归耕有外臣。

人歌小岁酒，花舞大唐春。

草色迷三径，风光动四邻。

愿得长如此，年年物候新。

《鹧鸪天·丁巳除夕》

宋 赵师侠

爆竹声中岁又除。顿回和气满寰 (huán) 区。

春见解绿江南树，不与人间染白须。

残蜡烛，旧桃符。宁辞末后饮屠苏。

归欤 (yú) 幸有园林胜，次第花开可自娱。

上面这些诗词中，你最喜欢哪一首或哪一句呢？每到新年除夕，你最大的感受是什么呢？

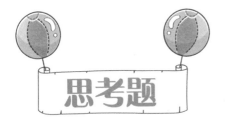

思考题

① 能够飞上太空的火箭，最早的设计灵感来自火药，你知道这是怎么回事吗？

② 在我们的日常饮食中，有一些蔬菜含有硫化物，你能说出其中的一两种吗？（小提示：想想看哪些蔬菜味道比较重呢？）

7 炉火照天地，红星乱紫烟
——古人是如何冶炼金属的？

"炉火照天地，红星乱紫烟。"出自唐代诗人李白的《秋浦歌十七首》中的第十四首，原诗为：

> 炉火照天地，红星乱紫烟。
>
> 赧（nǎn）郎明月夜，歌曲动寒川。

诗词赏析

译文： 炉火照彻天地，红星四溅，紫烟蒸腾而起。冶炼金属的工人在明月之夜，一边唱歌一边劳动，声音响彻了寒峭的山谷。

这首诗表达了作者对冶炼工人辛勤劳动和乐观精神的赞美之情。同时，通过描绘壮观的冶炼场景和工人的形象，诗人也展现了人类征服自然的智慧。这首诗具有浓郁的生活气息和浪漫主义情怀。

诗人小档案

李白

李白（701—762），字太白，号青莲居士，又号"谪仙人"。唐代伟大的浪漫主义诗人，被后人誉为"诗仙"，与杜甫并称为"李杜"。据记载，李白爽朗大方，爱饮酒作诗，喜交友。李白有《李太白集》流传于世，代表作有《望庐山瀑布》《行路难》《蜀道难》《将进酒》《明堂赋》《早发白帝城》等多首作品。值得一提的是，李白许多著名的诗作是在醉酒状态下创作的。

诗词中的哲理

据记载，李白是在游历秋浦（今安徽省池州市贵池区西）期间创作的这首诗。秋浦是唐代银、铜等金属的重要产地之一。或许正是看到了热闹非凡的工人冶炼场景，触动了李白，创作了这首诗。作为一首正面描写和歌颂冶炼工人的诗歌，在浩如烟海的古代诗歌中较为罕见，因而是极为可贵的。

在诗中我们可以看到，冶炼工人在工作时声音洪亮地唱着歌，把艰苦和枯燥的工作变得颇有乐趣，这种乐观的工作态度也值得我们学习和借鉴。如果我们在学习时也能保持快乐的心情，学习不就没那么枯燥乏味了吗。

想一想

金属对于我们的生活非常重要，大到汽车、轮船，小到钥匙、汤匙，可以说，我们的生活离不开金属制品。请你想想，你身边都有哪些金属制品，它们都是什么金属制成的呢？

现代人离不开金属材料，可是在古代，由于技术落后，金属的冶炼可是一件并不容易的事情。因为自然界中的金属都蕴含在矿石中，想把它们单独提炼出来，需要用到化学的方法，你知道是什么吗？

古人是如何冶炼金属的？

　　金属冶炼在我国有上千年的历史，考古研究发现，在新石器时代（距今10000～2000年），就已经出现了铜器制品，例如甘肃马家窑文化遗址中出土的青铜刀，距今约有5000年的历史。到了商周时期，青铜器铸造已经兴盛起来，人们用青铜器制造出各种工具和器皿，我们可以在博物馆里看到这些青铜器。

　　到了春秋时期，冶铁业开始得到发展，到了战国中期，铁在农具、工具和兵器上得到了广泛使用。进入到魏晋南北朝时期，灌钢法得到了发展，钢铁技术得到了进一步完善。

唐、宋、元时期，冶金业进入了繁荣的阶段，采矿的地区得到了扩大，产量得到了提升，金属制品的种类也随之增加了。据记载，宋代已经开始广泛用煤来炼铁，还推广了用胆水从铁中提取铜的技术。

现代金属冶炼的方法已经非常普及了，但是对于古人来说，把铜、铁等金属从矿石中提炼出来，却并不容易。这其中蕴含着一定的化学方法。

以炼铜为例，商代有一种方法名为"火法炼铜"，主要用到了含铜丰富的孔雀石和木炭。孔雀石是一种非常漂亮的矿石，并且含有丰富的碱式碳酸铜。

学过前面的内容，我们知道碱式碳酸铜不是真正的铜，这是两种物质。那么，怎样把碱式碳酸铜里的铜提炼出来呢？

古人注意到孔雀石在灼烧之后，会生成一种红色光亮的金属，于是就发展出了"火法炼铜"。大致步骤是将孔雀石放入炉中，点火，并启动鼓风设备，在高温中使矿石融化，石料中的碱式碳酸铜受热分解成为氧化铜（CuO）、二氧化碳和水。

炉中的木炭燃烧还会产生一氧化碳，一氧化碳进一步和氧化铜中的氧结合，最终生成单质铜和二氧化碳。

除了"火法炼铜"以外，古人还发展出"湿法炼铜"（又称"胆铜法"），用到了化学中的置换反应，下面我们就通过实验来演示其中的原理。

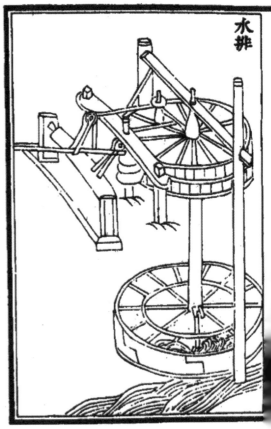

水排

在接下来的实验中，我们来模拟一下古人用铁换铜的过程。

小实验：铁树铜花

实验准备：

扫描二维码
就可观看视频

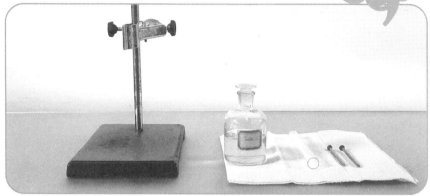

硫酸铜溶液、铁架台、试管、两根铁钉。

实验步骤：

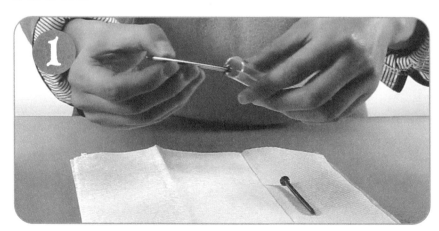

将一根铁钉放入试管中。

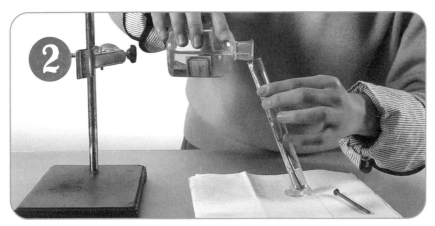

倒入硫酸铜溶液，使其淹没铁钉。

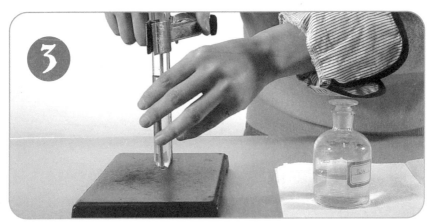

将试管竖直固定在铁架台上。

静置一段时间后，观察试管内铁钉有什么变化？

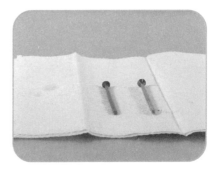

取出铁钉，和另一根铁钉相比，浸泡在硫酸铜溶液中的铁钉变成了红棕色，难道是铁钉生锈了？

其实这个实验是一种置换反应，铁钉中的铁将硫酸铜（分子式 $CuSO_4$）中的铜置换出来。铁本身是银色的，置换出来的铜是红棕色的，附着在铁钉上后就是我们看到的颜色。所以不是铁钉生锈了，而是铜被置换出来了。

我们可以用化学方程式来表述这个过程，即

$$CuSO_4 + Fe === Cu + FeSO_4$$

在古代，硫酸铜水溶液被称为"胆矾"，所以这种用铁和硫酸铜水溶液置换出铜的方法，被称为"胆铜法"。这种用水冶金的方法，早在我国西汉时期的《淮南万毕术》一书上，就已经有非常详细地记载了，而西方直到 18 世纪中后期才出现这种方法，中间相差 1800 年左右。

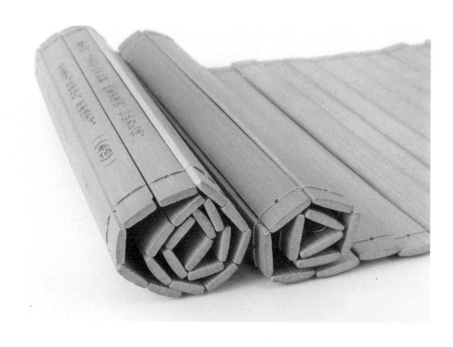

金属元素
有多少？

我们知道原子是构成物质的基本单位之一，具有相同核电荷数的原子被称为同一元素。到 2022 年为止，人类已经确认的化学元素共有 118 个，其中金属元素约占 75%，可以说占据了元素周期表中大部分的位置。

在自然界中，大多数的金属元素以化合物的形式存在，而以单质形态单独存在的金属相对比较少。所以，这就是为什么很多常用的金属像铜、铁等，需要通过冶炼的方式提取出来的原因。

金属可以分为黑色金属和有色金属两种，黑色金属主要是对铁、铬和锰的统称，包含了这三种金属的合金，在工业和机械方面应用得比较多。而黑色金属以外的金属统称为有色金属。

人们根据不同性质和用途，又把有色金属分为重金属、轻金属、贵金属和稀有金属这四种。

重金属主要是密度大于 5 克每立方厘米的金属，包括金、银、铜、铁、汞、铅、镉等；而轻金属则是密度小于 5 克每立方厘米的金属，包括铝、镁、钙、钛、钾、钠、锶、钡等。

贵金属主要是指地球含量比较少，提纯又比较困难的金属，包括金、银、铂等金属；而稀有金属就是比较稀少或分散分布，不易经济提取的金属，包括锂、铍、钛、钒、锗、铌、钼、铯、镧、钨、镭等。

无论是金属元素，还是非金属元素，我们都可以在化学元素周期表上找到它们，那么你可能会想知道，是哪位化学家总结出了这张表呢？

遇见科学家：门捷列夫

19世纪中叶，科学界虽然已经发现了60多种元素，但对于这些元素的认知是非常零散、毫无规律的。就在这个时期，一位科学家通过惊人的设想和艰苦的努力，把元素进行归类整理，制作出人类第一张化学元素周期表。他不仅预见了一些尚未发现的元素，而且还改变了人类对于化学元素的认知。他就是俄国著名的化学家德米特里·伊万诺维奇·门捷列夫（1834—1907）。

毋庸置疑，门捷列夫是一位非常传奇的科学家。1834年，他出生于西伯利亚托博尔斯克的一个村子里，是17个兄弟姐妹中最小的一个。门捷列夫的父亲是一位老师，母亲家有一个废弃的玻璃厂。13岁那年，门捷列夫的父亲去世，母亲的工厂被大火烧毁。

为了让孩子能够进入大学学习，1849年，门捷列夫的母亲带着他从西伯利亚来到莫斯科，想让门捷列夫进入莫斯科大学。但莫斯科大学没有录取他，母子俩只好前往圣彼得堡。

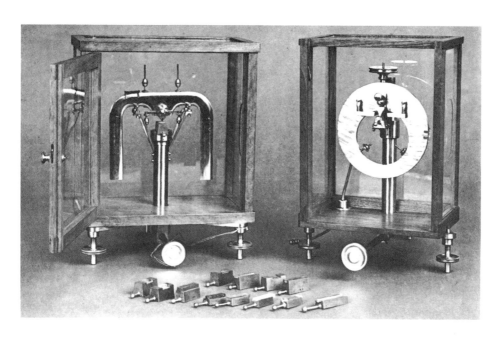

1850 年，门捷列夫进入圣彼得堡师范学院学习化学，1855 年毕业后任中学教师。1857 年首次取得大学职位，任圣彼得堡国立大学副教授。1866 年，门捷列夫担任圣彼得堡大学普通化学教授，开始一边教学一边做研究。

在成为化学教授之后，门捷列夫于 1867 年开始编写《化学原理》一书，并于 1869 年出版，成了当时最权威的化学教科书。在那段时期，他有了更为重要的发现——当他试图根据化学性质对化学元素进行分类时，他注意到了一些规律。门捷列夫在笔记中写道："我在

梦中看到一张表格，里面所有的元素都按要求就位了。醒来后，我立刻把它写在一张纸上，只有一个地方后来似乎需要修改。"

1869 年 3 月，门捷列夫在俄罗斯化学会上宣读了他的论文《元素的属性与原子量关系》，该论文根据原子量（现在称为相对原子质量）和化合价来描述元素。论文指出，按照原子量大小排列的元素，在性质上呈现明显的周期性。

Reihen	Gruppo I. — R²O	Gruppo II. — RO	Gruppo III. — R²O³	Gruppo IV. RH⁴ RO²	Gruppo V. RH³ R²O⁵	Gruppo VI. RH² RO³	Gruppo VII. RH R²O⁷	Gruppo VIII. — RO⁴
1	H=1							
2	Li=7	Be=9,4	B=11	C=12	N=14	O=16	F=19	
8	Na=23	Mg=24	Al=27,8	Si=28	P=31	S=32	Cl=35,5	
4	K=39	Ca=40	—=44	Ti=48	V=51	Cr=52	Mn=55	Fe=56, Co=59, Ni=59, Cu=63.
5	(Cu=63)	Zn=65	—=68	—=72	As=75	Se=78	Br=80	
6	Rb=85	Sr=87	?Yt=88	Zr=90	Nb=94	Mo=96	—=100	Ru=104, Rh=104, Pd=106, Ag=108.
7	(Ag=108)	Cd=112	In=113	Sn=118	Sb=122	Te=125	J=127	
8	Cs=133	Ba=137	?Di=138	?Ce=140				— — —
9	(—)		—					— — —
10			?Er=178	?La=180	Ta=182	W=184		Os=195, Ir=197, Pt=198, Au=199.
11	(Au=199)	Hg=200	Tl=204	Pb=207	Bi=208			— — —
12				Th=231		U=240		— — —

据此，门捷列夫编制出第一张元素周期表，共包含当时已发现的 63 种元素。这张元素周期表揭示了化学元素属性的周期性变化，使其构成了一个完整的体系，成为化学发展史上的重要里程碑之一。利用周期表，门捷列夫成功地预测出当时尚未发现的元素的特性（如镓、钪、锗等）。

元素周期表能够准确地表达各种元素的性质如何随原子序数递增而呈现周期性变化，它在化学及其他科学范畴中被广泛使用，是分析元素化学行为时十分有用的框架和参考。

　　到 1871 年，门捷列夫凭借自己的影响力，已经把圣彼得堡变成了一个国际公认的化学研究中心。

　　1907 年 2 月 2 日，门捷列夫因为心脏病而与世长辞。我们今天所看到的元素周期表，是后人在他研究的基础上不断完善的结果。门捷列夫基于元素性质的周期性规律，撰写了《化学原理》一书，被国际化学界公认为标准著作，被译成英、法等多种文字，前后重版数次，影响了一代又一代的化学家。

有人称赞门捷列夫是天才，但门捷列夫却说："没有加倍的勤奋，就既没有才能，也没有天才。"

你知道吗？化学元素周期表中的钔元素（Md），就是为了纪念门捷列夫而命名的。钔元素的原子序号为101，是一种人工合成的超铀金属元素。

你不知道的金属之最

人类已经发现的金属元素有 90 多种，少数活性差的金属以单质的形态存在，例如金、银、铂等贵金属；而绝大多数的金属比较活泼，通常以化合物的形态存在。关于金属元素，有一些有趣的知识，看看你听说过吗？

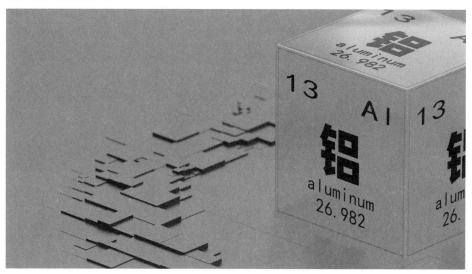

首先来说"最多"的金属。根据科学家们的测定，地壳中含量最多的金属元素是铝，而我们人体中含量最高的元素是钙。如果人体缺钙，是容易发生骨折的哦。因为工业制造的需求，目前世界年产量最高的金属是铁。

在所有的金属中，银的导电性和导热性都是最强的；而延展性最强的金属是金，其厚度可以薄至纳米级别；而金属铂的延展性也不差，可以制成直径小于 5 微米的铂丝。

有的金属硬度很大，例如铬，它的
莫氏硬度（表示矿物硬度的一种
标准）约为 9。最软的金
属是铯，它的莫氏硬度仅
为 0.2。

熔点最低的金属是汞（也被
称为水银），它的熔点是零下 38.8 摄氏度，也就是说汞在零下 38.8
摄氏度以上就会融化，所
以我们在日常生活中看到
的汞通常是液态的；而熔
点最高的金属是钨，它的
熔点是 3414 摄氏度，正
是由于它有如此高的熔
点，才被当作灯丝的材料。

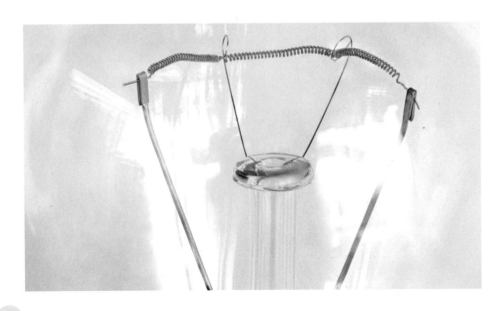

什么是放射性元素?

可能很多同学会感到好奇，什么是放射性元素呢？

放射性元素是一类元素的统称，这类元素的内部不太稳定，在常规状态下，它们就能自发地放出一些粒子或者射线，包括 α 射线、β 射线、γ 射线等，同时还会释放出来能量，我们把这种能量叫作核能。

当然，放射性元素也不会不停地放射，最终它们都会衰变成为稳定的元素，这时放射过程也将会停止。

放射性元素所具有的这种性质我们也称之为放射性，放射性元素放出各种射线的过程我们称之为放射性衰变。放射性元素包括天然就具有放射性的天然放射性元素，以及人工合成的人工放射性元素。

我们知道的元素如钋（Po）、镭（Ra）、锕（Ac）、钍（Th）、镤（Pa）和铀（U）等就是天然放射性元素，其中金属元素所占更多。

人类并非一开始就知道有放射性元素。直到 1789 年，德国的化学家克拉普罗特发现了铀，各种放射性元素才陆续被发现。不过最开始人类只是觉得它们是一般的重金属元素，直到德国科学家威廉·康拉德·伦琴发现了 X 射线，大家才开始研究放射性元素的放射性。

1896 年，法国科学家亨利·贝克勒尔首次从铀盐中发现了铀元素的天然放射性。紧接着，法国物理、化学家居里夫人和她的丈夫在贝克勒尔研究的基础上，进一步发现了放射性元素钋和镭。

这些重大的发现，让贝克勒尔和居里夫妇共同获得了 1903 年的诺贝尔物理学奖。

但令人惋惜的是，当时的科学家们并没有意识到放射性元素产生的辐射会对身体造成伤害。1908 年，贝克勒尔因为受到过量辐射而去世，而居里夫人和她的女儿、女婿也因为长期接触放射性物质而患上贫血症离世。

放射性元素的衰变期短的可以小于一秒，长的可以超过数亿年。一项研究发现，居里夫人在 1900 年前后，其实验室中使用的笔记本至今仍具放射性，并将持续 1500 年。

　　放射性元素的"神秘面纱"被科学家们揭开之后，科学家们逐渐发现，虽然它对人体有一定的辐射伤害，但是在工业、医学方面，放射性元素有很多的用途。比如居里夫人发现的镭，它的放射性很强，发现不久便成为当时治疗恶性肿瘤的重要工具；再比如核反应堆，目前比较常用的燃料就是天然放射性元素铀 –235。

诗词加油站

描绘劳动场面的古诗词

李白通过这首《秋浦歌十七首》，为我们描绘出一片热闹非凡的冶炼金属的场面。在古代诗词当中，还有很多描绘劳动场面的作品，以农耕居多，可以让我们感受到当时劳动人民的真实生活。

《田上》
唐 崔道融（róng）

雨足高田白，
披蓑（suō）半夜耕。
人牛力俱尽，
东方殊未明。

《东马塍（chéng）》
宋 朱淑真

一塍芳草碧芊芊（qiān），
活水穿花暗护田。
蚕事正忙农事急，
不知春色为谁妍（yán）。

《插秧歌》
宋 杨万里

田夫抛秧田妇接，小儿拔秧大儿插。
笠是兜鍪（móu）蓑（suō）是甲，雨从头上湿到胛（jiǎ）。
唤渠（qú）朝（zhāo）餐歇半霎（shà），低头折腰只不答。
秧根未牢莳（shì）未匝（zā），照管鹅儿与雏（chú）鸭。

《农家望晴》

唐 雍（yōng）裕（yù）之

尝闻秦地西风雨，为问西风早晚回。

白发老农如鹤立，麦场高处望云开。

《观刈（yì）麦》（节选）

唐 白居易

田家少闲月，五月人倍忙。

夜来南风起，小麦覆（fù）陇（lǒng）黄。

妇姑荷（hè）箪（dān）食，童稚（zhì）携（xié）壶浆。

相随饷（xiǎng）田去，丁壮在南冈。

足蒸暑土气，背灼（zhuó）炎天光。

力尽不知热，但惜夏日长。

《田舍》

宋 范成大

呼唤携锄至，安排筑圃（pǔ）忙。

儿童眠（mián）落叶，鸟雀噪（zào）斜阳。

烟火村声远，林菁（jīng）野气香。

乐哉（zāi）今岁事，天末稻云黄。

在前面这些诗句中，你是否感受到了劳动人民辛苦劳动的艰辛和不易呢？如果你感受到了，不妨让我们努力做到节约"盘中餐"吧。

① 在古代，有很多的人尝试用各种材料来"炼金"，但最终都失败了。请你根据所学的内容，说说为什么不能用其他物质提炼出黄金来？

② 银的导电性比铜要好，但是我们日常生活中大量使用的电线都是铜制的，为什么不用金属银呢？

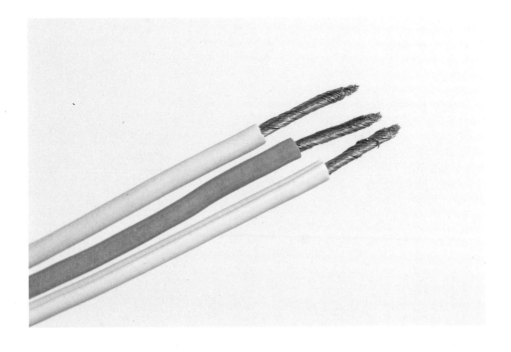